JAJP

JAJP The Japan Association of Jungian Psychology

ユング心理学研究　第17巻

ユング心理学と
生命の秘密

日本ユング心理学会

編

創元社

はじめに

田中康裕
京都大学

　この第17巻は「ユング心理学と生命の秘密」と題されており、2024年6月1日（土）にAP大阪淀屋橋＆Zoomで開催された第12回大会のプレコングレスの記録が収められている。

　このプレコングレスの基調講演者は、著書『計算する生命』（新潮社）で第10回河合隼雄学芸賞を受賞された森田真生先生で、当日も同じタイトルでご講演いただいた（指定討論は、当学会の河合俊雄と前川美行が務めた）。

　上記の河合隼雄学芸賞受賞の際には、「数学を直観において概念を構成していくダイナミックなプロセスととらえ、そこに生み出された拡張的な認識を解説し、生命の秘密に迫ろうとした力作」という評が寄せられていたが、今回の講演でも、冒頭で数学者の岡潔先生の「清冷の外気」という言葉を引き、「数学は、ただ頭を使うだけではなくて、本当に没入していくと、さーっと爽やかな風が心の中を通り抜けていくような、そういう経験ができるのだ、というのは驚きでした」と語られたことが印象的であった。そこには、計算は決して「機械」的なものではなく、「生命」をもつもの、「身体」をもった「生命」こそが行うものということが示されていたように思われた。

　また、森田先生は講演の中で「場所」の重要性についても言及され、このことは、心理療法の実践の中でセラピストが行いうる最も重要な事柄は、クライエントが自分自身を表現できる「場所」を用意したり整えたりすることであることにも通じ、たいへん興味深く拝聴した。そして、「生命の

活動は、根底においては『自利利他円満』としかいえないところがある」というご指摘にも、外見や表層だけでなく、その背後に働いている仕組みや論理を見抜いてゆかねばならない、心理療法の営みと相通ずるものを感じた。

「心は風である」。先生が講演の終わり際に引かれたこの命題について、古代ギリシア以降、心と風が切り離され、長い哲学の歴史を経て、やがて心は完全に風から切り離されてしまったが、現代において、その命題が、違うレベルでふたたびリアリティをもち始めてきているのではないか、と述べられたことも強く印象に残っている。

以前にも引いたことがあるが、Wolfgang Giegerich は、*What is Soul?*（『魂とは何か？』）という著書で、古代ギリシアにおいては、魂が活動を始めるのは、個人の死後であり、魂の概念、冥界において息を吹き返した死者の概念、祖先という観念は、まざまざと「死体」を見ることによってはじめて命あるものとなった、ということを指摘した。彼によれば、このことは、ギリシア語の *psyche* の語源にもよく示されている。*psyche* は、死者の魂、「自由な魂」である。さらに、その動詞形である *psycho* は、「吹くこと」「冷ますこと」を意味し、そこからは、*psyche* の真の語源的な意味が、「冷たくなる」過程であり、そこから派生した「冷たくなった」状態、すなわち、死んだ人間の「冷たさ」であることがわかる、という。

Jung は「魂の大部分は、身体の外側にある」と考えていたが、それが含意するのは、このような死後の過程でもある。すなわち、「心」は、主体に従属するものではないという意味で、生きている「身体」の外側にあると同時に、死後に「冷たくなった」「冷たくなる」という意味で、生（身体）の外側にある過程であろう。Giegerich によれば、「心」は、ただ単に否定性（negativity）であり、論理的な「無」であり、ひたすら「冷たい」、あるいは「冷たくなる」過程であるからだ。そのような意味で、「心は風である」。そして、そのことは、先生が引かれた、岡潔先生の「清冷の外気」という言葉や、先生が触れられた「生命にとって水の『冷ます』働き」にも通じているように思われた。

このほか、本巻の「ユング心理学と生命の秘密」という特集には、「『命

をめぐるユングから現代人へのメッセージ——スピリットに背を向ける時代に」（足立正道）、「出会いの生命」（高月玲子）、「ユングの心的エネルギー概念」（岸本寛史）の三編の論文が寄稿されている。いずれも読み応えのある論考なので、是非目を通してもらいたい。

　また、『ユング心理学研究』第16巻には、猪股剛先生の講演録と特集論文が掲載されたが、編集委員会では、双方ともユング心理学の今後の発展を考える意味でも貴重なものであると考え、主たる参考文献をいくつか挙げていただくようお願いした。参考にしていただきたい。

> Giegerich, W. (2007). The Occidental Soul's Self-Immurement in Plato's Cave. In: *Technology and the Soul: From the Nuclear Bomb to the World Wide Web* (*The Collected English Papers of Wolfgang Giegerich, Volume 2*). New Orleans: Spring Journal Books, pp.213-279.
> W・ギーゲリッヒ著『仏教的心理学と西洋的心理学——心理学の自己明確化に向けて』猪股剛・宮澤淳滋訳　創元社　2022年
> C・G・ユング著『近代心理学の歴史』河合俊雄監修、猪股剛・小木曽由佳・宮澤淳滋・鹿野友章訳　創元社　2020年

『ユング心理学研究』が、ユング心理学の普及・発展に寄与するため、会員の皆さまには、積極的な論文投稿を是非お願いしたい。また、一般の読者の皆さまにも、本誌への忌憚ないご意見を寄せていただくことをお願いする次第である。

文　献

W・ギーゲリッヒ著『魂の論理的生命——心理学の厳密な概念に向けて』田中康裕訳　創元社　2018年

Giegerich, W. (2020). *What is Soul?* London: Routledge.

目　次

はじめに　　　　　　　　　　　　　　　　　　　　田中康裕　003

シンポジウム

基調講演「計算する生命」　　　　　　　　　　　森田真生　013

身体と数学／地球という「場所」／「地球の翻訳者」レイチェル・カーソン／生命をつなぐ場所づくり／心はかつて風だった

討論──基調講演を受けて　　指定討論者　河合俊雄・前川美行　023

箱庭療法と変化／自由エネルギー原理と「雨乞い」／「場」の重要性と「風」を起こすこと／閉じられた場所と庭／多層的な時間の構造、有限性

特別寄稿

「命」をめぐるユングから現代人へのメッセージ
　──スピリットに背を向ける時代に　　　　　　　足立正道　041

出会いの生命　　　　　　　　　　　　　　　　高月玲子　053

ユングの心的エネルギー概念　　　　　　　　　岸本寛史　063

講演録

私とユング心理学──折口信夫の俤を追って   老松克博   077

論　文

研究論文

二つの「さんせう太夫」──説経節と森鷗外   森　文彦   101

男装の女性の物語「新蔵人」にみる日本的こころ

         鈴木志乃   121

印象記

日本ユング心理学会第12回大会印象記   林　公輔   143

日本ユング心理学会第12回大会印象記   山下竜一   147

The 1 st Child & Adolescent Conference in Asia 印象記

         吉川眞理   151

文献案内

宗教と科学に関するユング心理学の基礎文献   名取琢自   157

海外文献   豊田園子   167

日本ユング心理学会　機関誌投稿規定（2018年 9 月16日改訂）

ユング心理学研究　第17巻

ユング心理学と生命の秘密

装丁　濱崎実幸

シンポジウム

本稿は、2024年6月1日にAP大阪淀屋橋（大阪市中央区）およびオンラインのハイブリッド形式で行われた日本ユング心理学会（JAJP）第12回大会プレコングレスのシンポジウムの概要をまとめたものである。

基調講演「計算する生命」

森田真生
独立研究者

身体と数学

　僕はつい最近まで、ユング心理学についてはほとんど完全に無知だったのですが、一昨年の夏に『計算する生命』という本が「河合隼雄学芸賞」を受賞することになりまして、その際に、河合隼雄さんの書かれた本を集中的に読み込む時期がありました。そのとき、河合さんの書かれた文章を通して学んだことが、私がいまユングについて知っているほとんどすべてです。門外漢の身のため、的外れなこともしゃべってしまうかもしれないですが、今日はみなさんから刺激をいただいて学びたいと、とても楽しみな気持ちでやってきました。

　僕自身は、心理学という切り口で心のことを考えてきたわけではないのですが、岡潔という数学者と出会ったことをきっかけに、大学時代は数学から出発しました。高校まではバスケットボールに夢中でしたが、その頃からずっと、身体と心の関係や、自分と宇宙の関係のようなことを考え続けてきました。

　もともとはバスケ選手を目指してひたすらバスケばかりに熱中していたということもあって、どちらかといえば数学をはじめとした近代的な理系の学問に対しては、「頭だけ使っていて身体を使っていない」のではないかという疑いというか、不信感のようなものを抱いていました。

　ところが、大学に入学したあとに岡潔の著書を手に取る機会があって、そこに書かれている数学観に魅了されました。岡先生の語る数学には、どこかバスケをやっているときの感覚にも通じるようなものがありました。

たとえば彼のエッセイの中に、こんな一節があります。

　　数学の本質は禅師と同じであって、主体である法（自分）が客体である法（まだ見えない研究対象）に関心を集め続けてやめないのである。そうすると客体の法が次第に（最も広い意味において）姿を現わして来るのである。

　数学は、物理的に見たり触ったり聞いたりできないようなものを相手にしています。たとえば「4」という数には、大きさもないし、形もないし、触ることもできない。それでも、関心を集め続けていると、数というものが次第に姿を現してきます。
　さらに岡先生の言葉は、次のように続きます。

　　法に精神を統一するためには、当然自分も法になっていなければならない。そうするといわば内外二重の窓がともに開け放たれることになって「清冷の外気」が室内にはいる。

　僕は、この文章を読んだとき、心が解き放たれるような感覚を覚えたんです。心というものが、自分の内側に閉ざされていて、外側に世界があるという、内外がはっきりと分断されているビジョンではなくて、ぱっと開け放たれた心の窓に、清く冷たい外気が入ってくる。バスケをやっているときも、本当に調子がいいときは、こういう感覚になることがあります。
　数学は、ただ頭を使うだけではなくて、本当に没入していくと、さーっと爽やかな風が心の中を通り抜けていくような、そういう経験ができるのだ、というのは驚きでした。そして、この言葉に誘われるように、僕は数学を学んできました。
　僕にとってこの「清冷の外気」はとても大切な一節なんですが、初めて読んだときと今とでは、感じていることが変化しています。いま僕は、この「清い」とか「冷たい」ということが、かなり大事なんじゃないかと思っていまして、熱力学と関係があるのではないかと（笑）。このことはま

たあとでお話ししましょう。

とにかく僕は、大学に入学したばかりの頃までは、数学といえば頭でっかちな、頭だけでしている営みだと思い込んでいた。ところが岡先生の文章を通して、数学もかなり身体を使っているし、身体の外側にまで広がっていく思考なのだということを知りました。以来、数学を学ぶ日々の中で考えてきたことをまとめたのが2015年に出版された『数学する身体』という本でした。

数学もまた身体的な行為である、というのがこの本の主題のひとつになっているのですが、行為としての数学の中心にあるのが「計算」です。「計算」とはいったい何なのだろうか、ということを、かつて粘土を並べ替えたりしながら計算していた時代までさかのぼり、現代までの歴史をたどりながら考えようとしたのが『計算する生命』でした。

2015年に『数学する身体』、2021年に『計算する生命』ですので、だいたい6年かけて1冊の本を書く、というペースで歩んできました。いまはこの続きとなる3冊目の準備にとりかかっているところです。今日はこの3冊目に向けて、いま考えていることをちょっとお話しさせていただいて、この場に集まっているみなさんから反応をいただけると、僕も刺激をもらえるのでとてもありがたいと思っています。

地球という「場所」

さて、そもそも考えるためには「場所」が必要です。今日、冒頭でも述べた通り、河合隼雄さんがつないでくださったご縁もあって、僕はこの場所に来ることができました。河合隼雄さんが開いてきた思考のフィールド

があって、そこに集うことで初めて可能になるアイデアや、ここでこそ交わせる言葉がある。そういう意味で、ここは、人間や心について考え、思考を分かち合うためのとても特別な場所です。

そもそも僕たちは、いま水中ではなく地上で集まっていますね。天の川銀河の片隅を高速で移動する太陽系の中の、地球という小さな星のうえで、大気に包まれた地上に僕たちはいます。これも宇宙全体の中で見ると、とても特異な「場所」です。

僕たちが今いるこの地球という惑星の大気は、非常に珍しい組成になっていて、酸素が約21％、窒素が約78％、二酸化炭素が0.04％ぐらいという構成です。最寄りの金星や火星の大気は大部分が二酸化炭素ですから、21％の酸素濃度が維持されているというのは、それだけでとても珍しい。宇宙から地球を見たら、大気の組成を見るだけで、地球には生命がいるということがすぐにわかってしまうでしょう。

ヒトは脳が大きくて、酸素の欠乏に弱いので、酸素濃度が16％を下回ると吐き気や頭痛を催し始めますし、6％を下回ると意識を失って6分以内には死んでしまうそうです。

ですから、考えるためには場所が必要なんですが、僕たちはけっこう特殊な場所を必要としています。かなり珍しい組成の大気があるということが、たとえば、思考するための大前提としてあります。

身体というのは、ある意味では場所の極限といいますか、「私」というものが存在するために必要な「場所」を一番小さく取ったときにたどりつくところかもしれない。一方で、身体が動くためには、これを取り巻く大気が必要ですし、その大気の組成を維持するためには、地球上のあらゆる生命活動が相互に依存しながら作動している必要がある。場所というのを大きくとらえていくと、身体とは逆の極限に地球という惑星そのものが浮かび上がってくる。『数学する身体』『計算する生命』のあとに続く本では、「惑星」が大きな主題になる予定です。

「地球の翻訳者」レイチェル・カーソン

この春に僕は、レイチェル・カーソン（Rachel Carson）が書いた『セン

ス・オブ・ワンダー』というテキストの翻訳を出版しました。これは、これまでの『数学する身体』や『計算する生命』とはかなり違ったものに見えるかもしれないですが、「身体」から出発した思考が「惑星」に向かっていくきっかけの一つは、この翻訳の経験でした。

『センス・オブ・ワンダー』は生前にレイチェル・カーソンが書いた短いエッセイで、未完のものです。もともとこれは彼女が雑誌に寄稿していたエッセイで、いつか膨らませて一冊の本にしたいと彼女は願っていました。

この文章を翻訳しているとき、とても印象的な出来事がありました。文中に、3歳のロジャーくんという男の子（カーソンの大甥）が "I'm glad we came." とささやくシーンがあるんです。この本の話をちゃんとするとそれだけで3時間はかかってしまうのですが、3歳のロジャーくんが、カーソンの膝の上に座って、海と夜空を見ながら "I'm glad we came." とささやく場面がとにかく、僕が初めてこのテキストを読んだときにとても印象に残りました。

ただ、いざこれを日本語に訳そうとすると、かなり悩んでしまいました。英語は主語を明示しますので、この「we」をどう訳せばいいかが難しい。主語の we をあまりはっきり訳してしまうと、変な感じになってしまう。「僕たち、ここにこれてよかった」とか、「おばさんと一緒にこれてよかった」とか言ってしまうと、3歳の子らしくないですね。一方で、ここが「I」ではなく「we」であることが重要なので「きてよかった」だけではいけない。we のニュアンスをちゃんと残しながら、どういう日本語に訳していけばいいだろうかと考えていたとき、すでに翻訳を始めて2年以上経っていたのですが、次男がちょうどロジャーと同じ3歳になっていた頃で、ある日ふと、その次男の声で、「きてよかったね」という言葉が聞こえてきたんです。

このとき、「ね」という日本語に「we」のニュアンスが入っていることに気づきました。「ね」と言ったときには、そこに自分ではない人がいる。海が見えて、空が見えて、月がきれいでうれしいというロジャーくん本人の喜びはもちろん、ロジャーくんが来てくれてよかったと思っているカー

ソンの気持ちもここには入っている。

　3歳の僕の次男の性格からすると、「僕がここにきてよかったでしょう」とか言いそうなんですが（笑）、そういう子どもらしい無邪気な感じとか、そういうニュアンスも日本語の「ね」にすごく入っていると思いました。

　レイチェル・カーソンは、日本では特に『沈黙の春』の著者としてよく知られていると思いますが、実は生前、彼女は4作しか本を書いていなくて、4冊のうち3冊は、海についての壮大なスケールの著作です。

　アメリカでは、1951年の『The Sea Around Us』という本が記録的な大ベストセラーになりました。カーソンといえば環境運動の先駆者という印象を持っている方が多いかもしれませんが、本来は海について書く作家で、ある意味では地球の声、海の声を人間の言葉で物語る、非常に優れた「地球の翻訳者」でもありました。

　「きてよかったね」という言葉には、そんなカーソンの思想が込められている。これはロジャーくんの言葉ではありますが、この言葉を書き留め、後世に残したいと願ったという点に、彼女の思想が込められていると思うのです。

　どんな生き物も、生きるためにみな場所を必要としている。自分にとって大切な場所を、これからやってくるすべてのものたちが「きてよかったね」と思えるように手入れし、後世へとつないでいくこと。これは非常に普遍的な環境思想ではないかと思うのです。

生命をつなぐ場所づくり

　地球という場所は生命に溢れていて、とてもいきいきとしています。ここにはたえず生命の躍動があり、すべてが活発に動き続けています。風が流れ、水が流れていく。こうした動きを作り出しているのは、地球上に生み出される温度の違いです。

　地球上のエネルギーのおおもとは太陽ですが、この太陽からやってくるエネルギーは地球を均等にあたためるだけではないので、地球には温度の複雑な分布が生じます。この温度差が風や水の流れを生み出していく。

　地球がとても生き生きとした動きに満ちているのはさまざまな温度差が

あるからで、だから、地球をあたためる太陽とともに、さまざまなものを冷やしてくれる水がふんだんにあるということが、地球上に生物が存在するためのとても重要な条件です。冒頭で岡潔の「清冷の外気」という話をしましたが、生命にとって水の「冷ます」働きがすごく大事なんですね。

生物というのはとても珍しい存在で、非常に秩序だった分子たちが、高度に組織化されて、簡単にバラバラになってしまうことなく、奇跡のように「生きている」という状態を持続させています。こうして局所的に秩序を生み出す代償として、一方では必ず熱が発生します。熱力学的な観点から言うと、地球がこんなにも珍しい秩序に溢れているということは、その分の熱が必ずどこかに捨てられているということなんです。その熱を運び去っていくうえで大きな役割を果たしているのが水です。

地上にあった水が蒸発し、雨となって降るというのは、ただ水がぐるぐる回っているように見えるかもしれませんが、このとき水は熱を上空に運んでくれているんですね。地球上で発生した熱はこうして、最後は宇宙空間へと放たれていきます。

太陽のエネルギーが生命を支えているというのはみなさんもよくご存知だと思いますが、水の「冷ます」働きもまた、生命を支える重要な要素なんです。

私たちを支える大気の組成や水の循環は、はじめからこの惑星にあったものではなくて、さまざまな生物の活動の賜物です。最初から場所があってそこに生命がすみついたのではなくて、生命が生きていこうとする活動そのものが、また次の生き物たちがすめる場所づくりになってきた。生きることは突き詰めていくと、場所づくりでもあるんです。

ロジャーくんの「きてよかったね」という言葉の通り、生きるということは場所をつくるということで、これからやってくるすべてのものたちが「きてよかった」と思える場所をいかにしてつくっていけるかというのが、生きるという営みの究極の目指す先なのかもしれない。

「自利利他円満」という言葉がありますね。生命の活動は、根底においては「自利利他円満」としかいえないところがある。呼吸することも、排泄することも、ほかの生物が生きるための場所づくりにつながっていく。

食べるということも一見すると利己的な行為に見えますが、物質の循環という視点で見ると、食べるという営みは生態系にとって非常に大切なプロセスです。「自利」と「利他」が仮に完全に切り離されてしまえば、その生物は生態系の網から外れてしまい、長期的には存在し続けることができないでしょう。生きていることそのものがだれかのための場所づくりにもなっているからこそ、現に僕たちはいまここに生きることができている。これが原点だと思うんです。

心はかつて風だった

　では最後に、惑星という視座から見たときに、人間の「心」がどんなものとして浮かび上がってくるか、ということについて、もう少しだけ考えてみたいと思います。

　僕の友人で、詩人で哲学者でもある下西風澄（かぜと）さんという人がいます。彼が一昨年の冬に、『生成と消滅の精神史』という本を著しました。非常に情報量がある本なので、全貌を語ることは、今日はとてもできないのですが、この本の前半部分で彼は「3000年の心の西洋史」を描写していくんですね。この物語の出発点がどこかというと、ホメロスの『イーリアス』の時代から始まります。彼は『イーリアス』を読み解きながら、「心はかつて風だった」と言うんです。

　詳細は本書に譲りたいと思いますが、「心は風である」という命題がリアリティを持っていた時代から出発し、ソクラテス以降、次第に、心と風が切り離されていく。長い哲学の歴史を経て、やがて心は完全に風から切

り離されてしまいます。この本ではその過程が鮮やかに描かれているのですが、僕がいまちょっと考えてみたいのは、現代のコンピュータと自然科学の時代において、むしろ「心は風である」という命題が、違うレベルでふたたびリアリティを持ち始めてきているのではないか、ということです。

コンピュータの父とも言われるジョン・フォン・ノイマン（John von Neumann）が、現代のコンピュータが動き始めたときに真っ先に取り組んだのが天気予報でした。心と風が切り離された極限に生まれたコンピュータが、最初に始めたのが風のシミュレーションだったというのはとても面白い。

いまではコンピュータと自然科学の力を借りて、僕たちはこの惑星を細部にわたり計算し、シミュレーションを重ねながら、少しずつ理解を深めています。自分たちが暮らしているこの惑星を精緻に描写できるようになればなるほど、私たち自身の存在とこの惑星がいかに切り離せないものなのか、僕たちがこれまで自分の「心」と思っていたものが、いかにわかちがたく、この星の風や水の流れと地続きであるか、そういうことが浮かび上がってきている。ですから、これからの時代は、人間の「身体」から出発して自画像を描くよりもむしろ、惑星が作動する原理の方から出発して、そこから逆向きに迫っていくようなかたちで人間を理解していこうとする方が有効なのではないか、という気がしているのです。心や意識や言語といった概念よりむしろ、風や流れや熱といった言葉を軸としながら、私たち自身の存在を描きなおしていくこと。切り離された心と風の連続性を取り戻していくように、身体から地球へと自己の統合性の感覚を広げていくこと。そういうことを試みてみたいと思っているんです。

今日はせっかくこのような集まりなので、まずはみなさんにこうしたアイデアを投げてみて、どんな反応があるかをとても楽しみにしてきました。はっきりした結論のないお話で恐縮ですが、残りの部分は討論とみなさんとの対話の部に譲りたいと思いますので、前半の僕のお話はいったんここでおしまいとしたいと思います。

ありがとうございました。

森田真生（もりた・まさお）……………………………………………………………………

1985年、東京都生まれ。独立研究者。東京大学理学部数学科を卒業後、独立。京都に拠点を構えて研究・執筆のかたわら、国内外で「数学の演奏会」「数学ブックトーク」などのライブ活動を行っている。主な著書に『数学する身体』『計算する生命』『僕たちはどう生きるか——言葉と思考のエコロジカルな転回』（いずれも単著）、訳書に『センス・オブ・ワンダー』がある。

討論——基調講演を受けて

指定討論者　河合俊雄
　　　　　前川美行

箱庭療法と変化

　前川　森田先生、とても興味深いお話をありがとうございました。体中の電気が実際に動き回って、眠っていた神経細胞が動いた感じがします。「1を2つに分けたら2にはならず、2分の1なのか、いややっぱり2なのか」などと小さいときに悩んだなあということや、「数を数えるときに、違う人を1、2……と数えていいのか」などと不思議に思っていたことを思い出しました。

　また、私はスマホで電話をかけられなかったことがあります。ダイヤル式のときは、1なら1、9なら9と数字に対応した長さがありましたし、プッシュ式もボタンを押す感覚があったのでまだ大丈夫でした。でも、スマホになった途端、その数字を言いながら全然違う数字を押してしまう（笑）。スマホの数字の表示を押しても何の感覚もないので、私にとっては、指などの感覚と数字、概念というものをつなげるのが難しかったのだろうと思います。今はもう慣れて間違えることはなくなりましたが、当時はすごく意識しながら電話をかけていました。そんなことを考えながら、まずは数という「概念」について目を開かせていただき、いろいろなことを考えるきっかけを頂いたと思います。

　もう一つ、高校で「素数」「複素数空間」と聞いたとき、私は「これは何のためにあるんだ」と先生に聞きに行きました。そうしたら、数学の先生がすごく面白くて、何が面白かったのかは説明できないのですが、位相が変わるという話をされました。iをかけたら見えなくなるけれども、も

う1回かけたら見えてきて、もう1回かけたらまた見えなくなって、もう1回かけたらまた見えてくる……というふうに。そこで、私は、見えている／見えないという理解を勝手にしながら、何か違う空間があるのだ、数学は面白い学問なんだな、と思ったのですが、抽象化の世界や「概念」の理解がやはりとても難しかったと記憶しています。

　それで、今は心理学の世界にいるわけですが（笑）、私たちが扱っているものにはイメージがあります。保育においては「音・図・体」と言われているような、音楽、図工、体育のような表現形式がイメージにはいろいろあるわけですが、数学も表現方法の一つなのかと思ったりしつつ、「箱庭」について考えながらお話を聴いていました。なぜアイテムを置いていくことで制作者の中が整ったり、変化が生まれていくと言えるのか。箱庭にどういう変化があったら制作者が変化するのか、というのはよくわからないのです。変化の定型はないけれども、曼陀羅とか特徴的なかたちが生まれて何かが起こる。川を渡るとか、砂を分けて地面を開くとか、そういうことが変化を表していると思っていたのですが、今日のお話を聴いて、違う視点を頂きました。

　一つは、砂が冷たいということ。砂を触られたときに、「冷たいですね。気持ちいいですね」と制作者がおっしゃることがあります。また、砂自身が動かないのにも意味があり、動かない砂を制作者が動かしながら、一方でセラピストである私はここにいて動かないこと。そして、私という動かない人がいながら、いろんな対流が起こると、温度差あるいは熱量の差のようなものが変化を生み出すのかな、と。じゃあ、その変化って何なんだろう、交流というのは「違う」ことから生まれてくるのか、ということも考えながら聴いていました。

　そんな温度差の話にとても興味が湧きまして、箱庭の冷たさ、砂の動かなさ、砂を動かしてみること、そういったところにイマジネーションを動かしながら聴いていました。そこから先にはなかなか進みにくいのですが……。

　先ほどのお話では出てこなかったのですが、控室でしてくださった「雨降らし男」の話をしていただけると、「箱庭」というものがそこにあると

いうイメージができてくるのではないかと思いましたので、よろしかったら聴かせていただけたらと思います。

自由エネルギー原理と「雨乞い」

　森田　今日は熱やエネルギーやエントロピーなど、熱力学の概念が前半にいろいろ出てきましたが、物理学の中で生まれてきたこうした概念が、これからは、人間を理解していくうえでも重要になってくるのではないかと思います。

　最近、カール・フリストン（Karl Friston）というイギリスの神経科学者が提案している「自由エネルギー原理」という理論が注目を集めていますね。彼はこの理論に基づいて、知覚や行為や運動や認識などさまざまな機能を統合的に説明することを試みているのですが、ここに出てくる「自由エネルギー」というのはもともと熱力学から出てきた概念です。

　自由エネルギー原理の前提となるのは、脳は予測する機械であるという見方です。たとえば環境を知覚する際にも、脳は感覚信号そのものを理解しているのではなく、感覚信号の原因を予測（predict）しようとしています。

　こうした見方からいろいろ面白い発見が導かれていくのですが、たとえば、運動と知覚の関係についても、これまでの常識を覆すような見方が浮かび上がってきます。フリストンは「運動もまた感覚信号の予測である」と提案しました。従来、運動に際して脳の運動野が出力する信号は「運動指令」であると考えられていました。たとえば、ペットボトルをつかむという動作を考えるとき、脳は目標位置まで腕を伸ばすために必要な運動指令信号を計算し、それを筋肉に対して出力しているというのが従来の見方でした。一方で、フリストンの自由エネルギー原理に基づく運動理論では、脳は、運動指令を出しているのではなく、ペットボトルを実際につかめたときの筋感覚を予測していると考えます。つかむための運動指令を脳が出したから腕が動き始めるのではなく、むしろ、つかめたときの感じが最初に予測されているから、予測との誤差を縮めるようにして運動がその後に生成されていくのだ、と考えるわけです。

僕はかつてバスケをずっとやっていたので、これは身体を動かしている
ときの自分の実感とも符合します。シュートを打つとき、必要な運動指令
を計算してから動いているというよりも、シュートが入ったときの身体の
状態を予測できているからこそシュートが打てる。「シュートが入った感
じがしてからシュートを打っている」というのが、実際にシュートを打っ
ているときの実感です。

こうした知覚と運動の関係について考えながら、最近、実は「雨乞い」
にかなり興味を持っています。「雨が降りますように」と願っていると雨
が降るというのは、何やら魔法のようで怪しい感じがしますが、よく考え
ると、「手が挙がりますように」と思って手が挙がるというのもすごく不
思議です。

これがどういうふうに起こっているのかというと、よくわからないので
すが、「手を挙げよう」と思う私が最初にいて、手を挙げるという運動が
その後で始まっていくという順序ではないというのはほぼ確かです。私が
意思のようなものを感じ始める前から脳内ではすでに複数のプロセスが走
っていて、その脳の活動のダイナミクスがある方向に傾き始め、ある閾値
を超えた段階で、「私は手を挙げたいと思っている」という感覚が生成し
てくる。そして、この感覚が実際に手を挙げるという動作の成就を助ける
という、そういう順序になっているのではないかと思うんです。

そういうふうに考えてみると、手を挙げるという日常の何気ない動作は、
意外と雨乞いに似ているのではないかと思うんですね。そこで、雨乞いに
ついてちょっと調べてみようと思い立ち、人類学者の友人に相談してみた
ところ、『神性と経験』(法政大学出版局, 2019)という本を紹介されまし
た。これを読んでみると、なんと、雨乞いは基本的に雨季に行われると書
いてあったんです(笑)。

雨が降るはずもないときに「雨が降りますように」と祈るのが雨乞いな
のではなくて、「雨が降りますように」という祈りの前にすでに気圧の配
置などが、雨が降りそうな方向に傾き始めている。雨乞いというのは天気
の制御ではなくて、天気が動いていくプロセスと自分自身とを一致させて
いく営みなのである、と。こうなってくると、先ほどの「手を挙げる」と

いう話と似ているような気がしてきますよね。

　雨乞いは、魔法のように感じられるけれど、僕たちは、手を挙げようと思って手が挙がるときに魔法だとは思わない。僕たちはこの魔法にあまりにも熟達しているので、ほとんど当たり前のようにできてしまっているということなのかもしれない。

　こう考えていくと、優れた身体的な哲学を持っている人が、しばしば身体の制御だけでなく、川や空気の流れを制御する土木的なものにも携わってきた歴史があるということには、深い意味があるのではないかとも思えてきます。さっき、そのようなお話を控室でしていました。

前川　ありがとうございます。身体という枠を超えて対流が起こっているように思いました。また、私たちが当たり前だと思っていることが実は違っても、粗雑なモデルでも、持っていることで生きていくことができる。

　ところが、そのモデルでの理解が難しい人と出会ったとき、心理の世界だったら、内側・外側がはっきりしない人とか、「私」が明確ではない人とか、さらに、言葉がばらばらで夢も構造化されていないような人と会ったときに、持っていたモデルを少し変えながら理解しようとして、私たちの中も変わらざるを得ない。というか、自分自身もいろいろなことを考えたり、自分の体に意識を向けて、自分とは何だろうというのをもう1回つくり直していくというようなことをやっているなということを考えました。

　セラピーの中で、クライエントさんは全然見えない動きをしているときがあると思うんです。それは、私がそのように理解していた虚数の動きというか、こちらからは見えなかったり、外からは見えなかったり、適応とかそういう側面では全然動いていなかったりする。そういう人の動きの中

に、違う動きがある。それがその人の中で風を起こしていく可能性もあって。先生が今おっしゃった雨乞いも、その風が、たとえば動く、対流することで、ある意味何かを放出するかたちで雨が降る。その人の中で雨が降るようなかたちで動くとき、セラピストはそこに一緒にいて、あるいは動くということに対して何らかの言葉がけや意味づけをしていくということが仕事でもあるのかなと。そうすると、その人自身が自分で動いた、あるいは、何かが対流して動いたけれども、その動きを自分で明確化することができるとか、そういうことなのかなと考えたりしました。

「場」の重要性と「風」を起こすこと

河合 森田さん、どうもありがとうございました。本当に楽しく聴かせていただきました。一番前に座っていると、動物園のクマのように、森田さんが前を動かれる（笑）。

森田 （笑）。

河合 いろいろなことを思いましたが、特に、ユング派の心理療法の特異性というのが、今日のお話ではよく出ていると思いました。

岡潔を引用されて、まず社会では自他の区別があるということでした。それが自然界では、自他の区別がなくなって時間と空間の区別だけになり、さらに法界では時間と空間の区別もなくなるという話です。心理療法では時間と空間を決めるじゃないですか。その中で、自他の区別というのは相当に曖昧になってしまう。

それでも、心理療法の中にはいろいろな考え方があって、認知行動療法などは自他の区別がわりときちんとしています。ユング派の心理療法は、時間と空間の区別があるところで始まりますが、目指しているのは法界ではないでしょうか。時間と空間の区別もなくなったところから、箱庭が生まれたり、イメージが生まれたり、そういうものが発生・生成してくるというか。そういうセラピーを目指しているのではないかと思いながら聴いていました。

また、「場所」の話がとても面白かったと思います。セラピーで一番大事なのは、やはり場づくりではないでしょうか。何をするにも、場所がな

いと意味がないというか、何も生まれてこない。だからこそ、時間と場所を定めることが大事になります。そのときに最もプリミティヴなのは、セラピストが「いる」ということです。セラピーをやっているときには、それが本質的で、一番大事であるというのが、今日のお話を聴いて非常に共感したところでした。

では、単にセラピストがそこにいればいいかというと、風が起こらないとダメです。風が起こることがとても大事で、もともと風が心と考えられていたけれども、残念ながらその風からも、しかも、身体からも引き離された心は、純粋意識として理解されるようになってしまう。20世紀の哲学では、純粋意識がフッサールの生活世界であるとか、ハイデガーの世界内存在であるとかに捉え直されて、場所が復権しているんだけれども、残念ながら、心理学というのは、そういう2世紀ぐらい前の科学を信じているところがけっこうあります。純粋意識、認知を変えれば何とかなる、それが科学だと思っているのは、大いなる間違いではないかと、今日のお話を聴いてすごく思いましたね。

そういう意味では、ユング派の心理療法ではやはり場所を中心に置きますし、今の科学が言っているカオスから何が生まれるかというところをすごく大事にします。今の心理療法がやっているのは、カオスから生まれる非線形的な科学、それをイメージとして捉えるということではないかと思いながら聴いていました。

残念ながら、ユング派の心理療法も、若干粗雑な科学でそれを捕まえようとしているところがあります。たとえば、象徴論とか、イメージがどのように変わっていくかということに対してかなり粗雑なモデルを信じているところがあります。西洋モデルによると、イメージは、大体はまずは同性の、自分とは違う人物像で現れます。これは「影」と呼ばれ、セラピーが進んでいくと、そのうち異性像に変わっていくとされています。しかし、これは非常に荒っぽい疑似科学です。一方、スイスから日本に戻ってきた河合隼雄は、日本人には異性像というのがあまり出てこないことに気づき、ではどう考えたらいいのかと考えるわけです。

しかも、先ほど前川さんもおっしゃったように、現代の心というのは変

わってきています。けれども、ベースのところ、カオスからどのように風が起こって何が生まれてくるかというところは変わっていない。そこで、今はどのようなものが生まれてきているのかを捉えていくことが心理療法にはとても大事です。しかも、新しいイメージがどのようなものかということを、我々は真剣に考えていく必要があると思いました。

　河合隼雄は、華厳教をモデルとして新しい科学ができたらと思っていたところがあると思います。法界からどういうものが立ち上がるのか、ということをやろうとしていた。残念ながら、彼はその完成を待てなかったのですが、そういったことをすごく考えていたなぁと、今日の話を聴きながら思いました。

　それから、『ユング心理学と仏教』では最後のエピローグとして「千の風になって」という話を使っており、風のメタファーが出てきます。また、その前にも次のような逸話を引用しています。

　二人の僧が歩いていたところ、ある女の人が川を渡れずにいた。そこで、一人の僧が女の人を抱えて向こう岸に渡した。その後、もう一人の僧が「おまえは女の人を抱いて渡したが、それは僧として良かったのかどうかを考えている」と言う。そして渡したほうの僧は、「自分は女の人を渡してそこへ置いていった。でも、おまえはまだ心の中でその女の人を抱いているのか」と返す。河合隼雄はこの逸話に対し、女の人を渡して置いていったという人に風を連想する、とコメントしています。

　このように、心と風というのは非常に面白いメタファーだし、場所をつくるときも、そこにいることは大事ですが、下手をすると石のようにスタティックなものになりかねず、風がどう起こるかということが大事になり

ます。そこで、森田さんみたいに動き回るとか（笑）、そういう動きをもたらすとはどういうことなんだろうということを思いながら聴いていました。

森田 なるほど。ありがとうございます。

閉じられた場所と庭

森田 いま、場所の話との関連で箱庭についておっしゃってくださったんですけれども、実は、僕も場所について考える中で、「庭」という概念に関心を持っています。「には」という言葉は「場所」や「場」よりもずっと古い日本語で、上代の日本語で「には」といえば、神事や法会、あるいは狩猟や漁業など、何かが行われる場所全般を意味する言葉だったそうです。『古典基礎語辞典』（角川学芸出版, 2011）には、「……を行う場所」としての「バ」という語は、「イクサバ（戦場）」や「カリバ（狩り場）」などのかたちで中世の頃から「ニハ」の縮約形として使われ始めた、と書かれています。

『京都発・庭の歴史』（世界思想社, 2020）という本の中で、著者の今江秀史さんは、何かが行われる場所としての庭は、本来、美的にただ鑑賞するためのものではなくて、「使う」ためのものだったと強調しています。どんな木が植えられ、どんな様式の庭であるかということよりも、何がそこで行われているかが庭の価値を決めるというのです。

平安時代の中期までは、庭の主役といえば「大庭」でした。大庭というのは、寺社の境内や住まいの主要な建築の正面に広がる平坦な土地のことで、多くの人がここに集まって、公的な催しや行事などが開かれる。さまざまな出来事が起こり得るこのような庭を維持するためには、絶えず手入れを続ける必要があります。

多様な出来事がそこで起こり得るように、持続的に手入れをし続けるということ。そうやって実現するのが「庭」だとすると、宇宙空間の中に浮かぶ地球という場所そのものも、ひとつの庭としてイメージできるかもしれません。

僕は箱庭療法を実際に体験したことがないので、的外れなことを言って

いるかもしれないですが、地球を一つの庭として考えると、地球は物質的にはほぼ閉じていますから、地球という庭で、生命は同じ素材を何十億年も並べ替えながら、ここに何かを表現してきた。ある意味で、地球上の風景とは、生命が自らを癒したり、変容させたりしながらつくり出してきた箱庭とも言えるかもしれません。

　河合　ああ、面白いですね。科学的にもそうですが、昔の人の世界観では、おそらく「私」の感覚って狭い自分で閉じられていなくて、コミュニティだったんだと思うんです。そういう狭い「私」というものではなくて、コミュニティという場の広がりというか、それによって自分ができている。

　「場所」で面白いのは、閉じられているということです。社会学者の作田啓一が全体主義と区別して「ホーリズム」と言ったけれども、同心円的に自分を包む場が家族から社会へ、社会から自然へと、ずっと広がっていくところがあるんですよね。心理療法でもそうですが、閉じられているからこそ場の意味がある。無限というのは恐ろしいんですね。パスカルも、この無限の宇宙は私を震撼させると言っています。私も、今でもそうですが、理科で宇宙の無限について学んだとき、すごい恐怖に襲われました。今の話を聴きながら、その場が広がりであると同時に、何らかの意味で閉じられているところがすごく特徴的なのだなということを思いました。

　森田　そうなんですよね。子どもたちも、そういう閉じられた場所を求めていて、だからこそ秘密基地をつくったり、布団の下に自分だけの場所をつくってみたりする。一方で、やっぱり冒険したり、未知の場所に出かけて行ったりもする。場所の居心地良さを求める気持ちと、空間の可能性を追求していきたいという気持ちと、その両方があると思うんです。

場所の心地良さと、空間の可能性と言ったとき、空間の可能性の方にすべてをかけてきたのが近代という時代なのかもしれない。数学では実際、場所の概念はほとんど消えてしまって、空間における「位置」の概念にまで縮退してしまいました。

河合　そうそう、場所から意味というのがなくなる。完全に抽象化されるというかね。

森田　ニュートンの描いた絶対空間においては、場所の概念が座標を表す数字列に還元されてしまいますが、中学生や高校生のときに僕たちは、このことの暴力性に無自覚のまま、物理や数学の常識としてこれを学んでいきますね。

河合　昔、授業で、x 軸、y 軸がわからなかった人は、今の話を聞いて安心するんじゃないかな。ユングも、『自伝』に書いてありますが、A ＝ B、B ＝ C、∴ A ＝ C というのがわからなかったのです。A と B は違うものなのに、なぜ一緒なのか。B と C も違うものなのに、なぜ一緒なのか、ということで、A ＝ C というのは彼にはまったくわからないことだったわけです。結局、彼には抽象化された世界というのはわからなかったのかなと思うんですよね。彼は古代人だからね。

場所についてさらに言うと、ヨーロッパには大航海時代がありました。それまでは、みんな自分の場所に縛られていたけれども、それを突破するということが起こったわけです。あの当時、世界の果ては絶壁になっていて、そこから全部落ちていくと信じられていました。だから、マゼランなんかは、スペイン人の船員を騙してというか、脅して航海を続けた。マゼランは地球は一周できると信じていましたが、船員たちは古い世界観で生きていたので、そのまま進むというのは恐ろしいことだった。あの頃から、世界観が変わってしまったのです。

森田　A ＝ B、B ＝ C、∴ A ＝ C。これがどうしてもわからないというような、多様なわからなさがあるということは重要だと思うんですよね。すんなりとわかるのではなくて、どこか引っかかりや摩擦が生じること、その引っかかりが生み出す多様な遅延があることがとても大切だと思うんです。

多層的な時間の構造、有限性

森田 平井靖史さんという哲学者が近年ベルクソン（Henri Bergson）の哲学を非常に明快に解説する仕事をされているのですが、彼の『世界は時間でできている』（青土社, 2022）という本がとても良くて、そこで彼は遅延の重要性について論じています。僕はこの本を読んで、遅延こそ進化の賜物なのだと学びました。

たとえばヤカンに触れて「熱い！」と手を引く。このとき、ヤカンに触れてから手を引くまでに200ミリセカンドくらいの遅れがあります。この遅れは進化の賜物で、僕たちがとても複雑な神経系を持っているからこそ実現しているものです。さらに人間の場合、いつか読んだ本の一節の素晴らしさに何年もあとに感動するなんてこともあります。このように、多様な遅延をはらんでいるということが、生命の世界の素晴らしさです。

僕たちが自然を前にするときにも、U字溝を速やかに流れていく水の流れよりも、瀬や淵の構造を持ち、多様な遅延をはらみながら流れていく自然の川の流れの風景にひかれますよね。同じように、「わかる」ということも、あまりにもみんなが同じ速さでスムーズにわかってしまうより、いろいろな場所で、それぞれの仕方で「わからなさ」に立ち止まる遅延があってこそ、この世界はもっと豊かなものになっていくんじゃないかと思うんです。

河合 遅延というのは、心のすごく大きな面だと思います。だから、心理療法というのは時間がかかる。何か言われたらすぐに、薬を飲めばすぐに、というわけにはいきません。遅延があるからこそ、あるいはすごく時間がかかる、というのは大事なことではないかと思いますね。

森田 そうですよね。

河合 生物ももちろんですが、遅延というのは、心ではより目立つのではないかと思います。雨乞いどころじゃないよね（笑）。

前川 後になって「あのときは」と気がつく、そのときにはわからなかったことが後でわかるというのはすごく不思議なことですが、結局はばらばらで残っているわけですよね。意識はうまく働いていなくて捉えられていないけれども、こちら側から見るとそれが見えてくる。さっきのお話の、

複雑系のカオスの動きというか。こちらに来たからこそ、「あのときは、こうだったんだ」とか、自分のあり方すらもう1回見える。メタで見ることができたりするのも、そういう遅延ということでもあるのかなと思います。

河合　本当にいろいろな生物が面白い計算をしているのでね。けれども、遅延も含めて、計算がすごく複雑に進化していく中で、シミュレーションとして近づいていくと考えていいのでしょうか。それとも、やっぱりそこは全然どこか違うものがあると考えていいのでしょうか。そのあたりはどうですか。

森田　平井さんが先の著書の中で、同じ一人の人間の中には、途方もないミクロな時間スケールからマクロな時間スケールまで、多層的なスケールの時間が走っていて、その多層的な時間の構造こそが、意識や心が成立する条件なのではないか、ということを論じています。

　機械が意識を持つような時代がもし来るとすれば、一つのロボットの中にいかにして多層的な時間を持たせるか、ということが重要な問題になってくるのかもしれません。

前川　そうすると、夢というのは情報処理がうまくできていないものが、夜になって出てくるとも考えられますが、ロボットが夢を見ることがあるかもしれないということでしょうか。

森田　地球で起こっている自然のプロセスというのは、夢に近いのではないかと思うことがあります。胃腸病学者のエムラン・メイヤー（Emeran Mayer）さんによると、夢を見ているときには身体の機能がオフになる代わりに、脳と腸、そして腸内微生物のコミュニケーションがほかのどんな時間に比べても活性化するそうです。

　外界の情報を集めて環境を注意深く調査しているのは僕たちの脳だけではなくて、消化管とその神経系、そしてそこに宿る微生物たちも相互に連携しながら、驚異的な情報処理装置として働いています。もし夢が、目覚めているときの意識の一時的な混乱ではなく、むしろ夢においてこそ、ふだんは表面化していない内臓や細菌や体内を行き交う無数の分子たちによる繊細で精緻な情報処理が顕在化しているのだとしたら、あらゆるスケー

ルで生命が相互に刺激し合い、互いを創造し合っているこの自然は、僕たちが目覚めているときの意識だけでは到底届かないような、深い「夢」に似たものかもしれないと思うんです。

　河合　ユングの共時性という考え方によると、そうなんだろうと思うし、華厳で言っている「事事無礙」もそういうものではないかと思います。そこまで広げなくても、最近の科学でわかっているのが、脳だけが命令しているのではなく、実は、内臓からいろんな信号が来ている、それどころか体内のバクテリアからも来ている。そういう意味で、眠っている間に、脳の中心統合性みたいなのが弱まったときに、脳以外の様々な信号のほうが強くなるというのは、十分考えられることではあるなと思いました。

　森田　ある種、顕在化していない夢というか、そういうものとして、この世界そのものがある。深い夢のようなものとして世界があって、僕たちはその一部分にしかアクセスできない。

　河合　なるほどね。そのときには、広がりと同時に限ることがすごく大事です。心理療法もそうですが、深い夢というのは、ある種無限なんですよね。だけど、その浮かび上がった夢だけに向かい合うとか、その場だけに向かい合うようにする。可能性としては無限だけれども、やっぱりそのときの、限られたものに絞ることが、逆にすごく大事なのではないかと思います。

　森田　有限というのは面白くて、単に無限に届かないという意味ではなく、逆に、無限の側から見れば、有限には届かない。有限であるということ自体、とても特別なことだと思うんです。

　今回の『センス・オブ・ワンダー』の「続き」の章でも書いたのですが、京都の東山の向こうから月が昇ってくる風景が僕は大好きで、もし全知全能の神がどこかにいるなら、声を大にして「ここからの眺めは素晴らしいですよ！」と伝えたい。でも、もし神様がこの風景を見たいと思うなら、今よりもずっと不完全にならないといけない。何しろ宇宙の片隅の銀河のはずれで、地球のわずかな起伏の表面にはりついて、二足で大地を踏みしめながら、二度と見られないかもしれない今の月の姿を心に刻もうとするわけですから。

　有限性というのは、無限の側から見ると、果てしなく遠くてとても届かない。僕たちは、そういう無限の側から見たらどうしても届かないような有限性というものを手にしていて、そのことのすごさというのを忘れないでいたいと思うんですよね。

　河合　ああ、すごいですね。我々は、普段は必ず有限化するんですよ。だけど、セラピーでは、可能ならばその無限から浮かび上がるものをキャッチしたいというか、大事にしたいなと思っているところがあるんです。芸術、思想なんかもそうかもしれません。

　さて、あっという間に時間の有限が迫ってきてしまいました。森田さん、本当に貴重な講演と、それから討論でも次から次へと面白いお話をしていただき、本当にありがとうございました。

　森田　ありがとうございました。

河合俊雄（かわい・としお）
1957年生まれ。京都大学大学院教育学研究科博士後期課程中退。Ph.D.（チューリッヒ大学）。ユング派分析家、臨床心理士、公認心理師。現在、京都大学名誉教授、京都こころ研究所代表理事。著書に『ユング』『村上春樹の「物語」』『心理療法家がみた日本のこころ』『夢とこころの古層』（いずれも単著）『発達障害への心理療法的アプローチ』『ユング派心理療法』（いずれも編著）、訳書に『赤の書』『分析心理学セミナー1925』（いずれも監訳）などがある。

前川美行（まえかわ・みゆき）
大阪大学大学院人間科学研究科博士課程前期修了。博士（教育学）。ユング派分析家、臨床心理士、公認心理師。心理相談機関、企業内カウンセリングルーム、総合病院精神神経科、大学学生相談等で臨床実践に携わり、現在、東洋英和女学院大学大学院人間科学研究科教授、山王教育研究所代表。著書に『心理療法における偶発事』（単著）『ユング派心理療法』『適応障害の心理臨床』（いずれも分担執筆）などがある。

特別寄稿

「命」をめぐるユングから現代人へのメッセージ
スピリットに背を向ける時代に

足 立 正 道
足立分析プラクシス

1　はじめに

　筆者は大学生を対象に次のような簡単なアンケートを取ったことがある。これは、授業の一環として、我々が「心」というものをどのようにとらえているのか、に意識を向けてもらうための一種の遊びとして初回に用いたものである。

　問：　「（人間）−（肉体）＝」

　回答の選択肢：

①　ゼロ 0

②　心　あるいは　たましい

③　この問いはナンセンスである

　実際の結果を見ると、③がごく少数で、①と②に大きく分かれていた。もちろん、正解を設定しているものでもなく、ディスカッションを通して、我々がどのように「心」をとらえる傾向があるのか、そして、それぞれの回答の根拠について洞察を深めてもらうことを目的としていた。例えば、①を選択する人の中には「心＝脳」というファンタジーを持つ学生も少なくなかったことと思われる。この回答の選択肢には、（人間）＝（肉体）という含意もあって、一方でそれに気づいて「本当に言い切れるのか？」と葛藤を覚え始める者もいれば、他方、この等式にある程度の確信を持つ者もいたことと思われる。②の選択肢に行き着いた者の中には、人間を物質としての肉体として、あるいはマシンとして即物的にとらえることに抵抗感を持つ者が多く含まれていたであろう。いずれにせよ、マシンとして

の肉体と心がどのような関係にあるのか、について明確なイメージを語ることに自信のある者は少なかったのではないだろうか。

翻って考えてみると「命」「命と肉体の関係」「心と肉体の関係」「心」という重なり合ったテーマをめぐって、我々は本質を突く明確な答えや絶対的な定義を持ち合わせていない。本稿では、これらのテーマが特にスピリット（spirit）をめぐるユングの議論の中でどのように表れているかを吟味し、「命」に関するユング心理学のまなざしとその本質の理解を深めてゆければと思う。同時に、そこに現れるユングの現代人への警告も読み取っておきたい。

一般的に、命は有限であると考えられているが、ユング心理学においてはどうであろうか。まずは『自伝』の第11章の終盤辺りに見られるユングの有限と無限についての考えを詳細に見てゆきたい。

2　有限と無限

『自伝』の当該箇所でユングは次のように述べて、有限の自我と無限の無意識の関係を解説している。

> 「私が無限なるものへの感覚に到達するのは、ただ土壇場に追い詰められているときにのみである。人間の最大の制限は自己である。それは、『私はただこうでしかない！』という体験（事件）において、顕わになる。自身の置かれている自己というこの上なく狭い限界についての意識のみが無意識の果てしなさに結び付けられる」（*MDR*, p.325）。

「私」（「自己」）の制限すなわち有限性についての意識こそが重要で、その意識が得られなければ、無意識という「無限」の本当の認識には至らない。その条件は厳しく、「土壇場」という逃げ場のない追い詰められた状態であり、窮鼠猫を嚙むような境地を経ること、つまりイニシエーションと呼べるような体験である。我々は日常的に主として自我に同一化して生活しているが、その自我の個別性や有限性について、もしも十分に思い知

る機会がなければ、本当の意味で無意識に開かれることはないのである。

　ユング心理学における無意識の特徴として自律性がある。自我とは独立した論理で動いているということであり、大胆に言い換えるなら、無意識は無意識で自己中心的である。それゆえ、自我の視点からは、無意識は他者として感じられるのも自然なことである。ところが、有限を認識して無限、超越に開かれるとき、自我と無意識の間にリンクが生まれており、自我のみならず、それも私のこととして受け止めるようになる。すなわち、単純に他者と感じられた状態から他者性が変化し、無意識の活動に触れるときに他者でもあり自分でもあるという二重性を帯びた受け止め方が生まれてくる。そうなると、自我と無意識の間にさまざまな不協和音が生じたとしても、被害的になることなく、事態を分析して受け入れて、広い視野の中で自分のあるべき姿を淡々と模索することとなる。すなわち、無意識の自己中心性に対しても理解しようとしたり判断したり責任を負う姿勢を模索したりするようになるのである。無限へのリンクが成立すると、自我を生きる有限の私が相対化され、視野が一気に広がる。次にその視野からのユングの言葉を一つ取り上げて吟味したい。有限と無限のどちらが本質かが示されている。

　　「結局のところは、我々が何かに値するとすれば、それは我々の体現している本質的なるもののみに由来するのである」（*MDR*, p.325）。

　ここで「体現」という言葉から、自我が「本質的なるもの」の表現であることがわかる。根っこは「本質的なるもの」であり、顕現しているのが自我であり、逆ではない。もしも根っこと切れてしまうと自我は根無し草となってしまう。ゆえに、「本質的なるもの」と自我のリンクは命綱であり、我々の命の源は「本質的なるもの」なのである。我々を浅薄な価値観で切り取ろうとする発想はどのようなものであれ、幻想にすぎない。なぜなら、それは根っこを排除した不自然な視野となっているからである。このことを心理臨床に即して考えてみたい。

　もしも、不登校の子どもを学校に行かせるボタンはないのか、という疑

問を持つ親がいるとすれば、その親の心に、子どもをマシンとして見る傾向が優勢になっていることをうかがい知ることができる。残念ながら子どもの行動の奥にある「本質的なるもの」に目を向けるのは難しい。あたかも大人たちの浅薄な都合や価値観に応じて自在にコントロールできる所有物であるかのように子どもをとらえてしまう悲劇が展開される。本来の子どもの本質あるいは命に背中を向ける大人は、自身の心に対しても同じ態度を取っていることは、容易に想像できる。子どもの不登校に対して何もできない無力感や絶望が、かかわる大人にとっても無限へと心を開く契機となることを思えば、事態は決してネガティブとは言い切れない。

　有限の世界を相対化できず、無限とのリンクがない場合に生じる問題は、いわゆる「集団的意識」との同一視に陥ることである。群れることや政治的な権力を探究することは、それはそれで悦楽につながりやすい。多数と同一視することにより欺瞞の自己像を作り上げてかりそめの安定や悦楽を得る。「寄らば大樹の陰」のネガティブな例である。本来の大樹は自我を超越した本質的なるものであるはずである。ところがこの場合は、本質的なるものの代わりに、あたかも威力を持つ外的な集団を基盤と見立てる自己欺瞞である。そこで旨味を得て自我は没個性化の代償を払う。世界中で同じファッションが流行するのは、わかりやすい例である。政治的権力への興味も同様である。欺瞞の自己像を得るために外的集団を利用する。新しい意識の模索ではなく、外側に設定されている既存の価値観への固執に過ぎない。

　次に、同じテーマをユングがスピリットについての論考の中で詳細に議論しているので、紹介しつつ、さらに考察を深めたい。

3　自然とスピリット

　ユングは次のような三つのスピリットの特徴を挙げている（CW 9i, par.393）。一つ目は、自由闊達な動きを見せるという特徴、二つ目は五感から得られる既成のイメージにとらわれない独自のイメージを生み出す能力を持つという特徴、三つ目はイメージを操作する能力が自由でこの上なく巧みであるという特徴である。さらには「心の現象の乗り物、あるいは

命そのものの乗り物」（*CW* 9i, par.385）という興味深い説明もあり、これらから、スピリットは、心の奥深い領域から発せられた何ものかを巧みにイメージの形として意識領域にまでもたらす媒介者、メッセンジャーとしての働きを持つ無意識内の機能主体として把握される。また同時に、心の奥深くには元型が控えていることを思えば、元型こそが人間の心の現象や命の根拠であることをも示唆している。また、先の無限と有限のリンクはまさにスピリットの活躍を意味していると考えられる。

　他方、スピリットと物質、スピリットと自然という対が議論されてきていて、スピリットの特徴を伝えている。スピリットの語源となるラテン語の spiritus はギリシャ語の pneuma に相当し、息や風や霊を意味する。これらのイメージは非物質性の特性を持ち、物質界を意味する自然（nature）と対をなす。ところが、ユングの指摘するように（*CW* 9i, par.392）、現代人は、少しでも物質的にスピリットの働きに対応する現象を見つけるや否や、スピリットの非物質性、超越性を受け入れにくくなってしまう。その極致は「心＝脳」であるが、転換ヒステリーや心身症、現代では脳科学全般、またドーパミン仮説なども物質と精神の対応を示すため、そうした幻想を生むきっかけとなりうる。ドーパミンについて言えば、視野を広げると、より大きな因果のカスケードの一部に決定的な役割を担うのみで、さらに上流により重要なファクターが存在することは否定されない。さらにユングはスピリットと物質の双方を超越的な存在ととらえる視点すらも示している。ヨーロッパの歴史を見ても、自然界の摂理を Nature という大文字で区別して記述する時代もあり、また日本には五穀豊穣、自然崇拝の神道の歴史があり、日本のアニメにも自然界の超越性をテーマにしたものが少なくない。

　スピリットをめぐって、ユングは次のような重要な警告を発している（*CW* 9i, par.393）。必要なバランスを確立するためには、「我々の自然との関係の分化がスピリットとの関係の相当の分化と手を携えて進まなければならない」のに、それが忘れられていないだろうか、というのである。我々の自然との関係の分化については、物質中心主義に基づいて科学技術が加速度的に推し進められている状況があり、それに対し、スピリットと

の関係については現代人が捨て置く傾向にあり危機的にナイーブな未分化の状態にとどまっている現実をユングは見ていたと思われる。物質中心主義が抑制を失うさまは、ユングの生きた時代以上に深刻さを増している。心理学的には「躁的な傲慢」「自律的人格の消失」（*ibid.*）が伴われると彼は指摘する。スピリットを失う事態、超越とのリンクを見失う事態と理解される。

　ここで、筆者はプエブロ・インディアンの老人とユングの会話を思い出す（*MDR*, p.248）。西洋人は頭で考えるが、それは異常なことであって、彼は胸で考える、という話をユングは聞く。この頭と胸の比較を自然とスピリットそれぞれへのアプローチの比較に重ね合わせることで、事態が明確になるように思われる。すなわち、自然と自我の関係は、頭で考えるフェーズに対応し、それに対して、スピリットと自我の関係は、胸で考えるフェーズに対応すると見ると事態が理解しやすいと思われる。道教では仙人がお腹の中で玉を回すというが、東洋思想では胸よりもさらに低い位置において「考える」のかもしれない。ユングが、彼の言葉を聞いて、それを単なる荒唐無稽な話あるいは非科学的なこととして軽視するのではなく、現代人の課題を明確に突きつける貴重なメッセージとして受け取ったことこそ奇跡的なことであり、ユングの並外れた能力を感じさせるものである。ユングは、プエブロ・インディアンの老人の話を一通り聞いてショックを受け、すぐにメディテーションに入る。すなわち「頭で考える」ことをやめたのである。これ自体が無限との通路を開く試みであり、ユングが彼の話を受け止めるだけの器をすでに備えていたことがわかる。

　話を戻すと、現代人は頭で考えることを異常に推し進めており、逆に胸で考えることの大切さを顧みない。すなわち、自然界を自然科学のみによって切り取り支配する方向性を強力に推し進め、逆に自我がスピリットと対話する時間や余裕を持つことの大切さを理解する叡智については忘却しているのである。すなわち、ユングの先の警告の通り、物質の知の過剰な探究や誤用濫用にブレーキをかけ、スピリットについての我々の智を分化させていくことが現代人のあるべき努力の方向性であり、それにより、少しでもバランスを取り戻すことが求められているのである。

4 科学信仰からの脱却

　科学への妄信があるとして、それに対してどのような処方箋が考えられるのだろうか。残念ながら、多くの現代人にとって自然科学、合理主義、物質中心主義を絶対視する視点から自由になることは想像以上に困難なことである。心理学を学ぶ者であっても、心理について言葉巧みに説明していても、自我中心の制限の枠から一歩も外に出ていない場合も決してないとは言えない。出発点や基準点が常に自我の側の領域に置かれ、どのように議論しても、根拠は物質や実体や自我の決めつけであることがあぶりだされてしまう場合が決して少なくないのである。ユングにとっての悪はまさにこの偏った絶対視の姿勢である。ただ、自我の本質に通じる問題でもあり、その姿勢をすぐに取り除けばよいとか取り除けるといった理解もまたナイーブではある。

　ユングは、現代が「『今ここ』（here and now）にあらゆる力点を移してきている」（*MDR*, p.326）という面白い表現をしている。そしてそれが「人類と世界の悪魔化をもたらしてきている」（*ibid.*）と警告している。禅仏教の本質の一つの表現として知られる「直視人心」も「今ここ」の体験を強調するが、それは文脈が大きく異なり、自我と超越とのリンクが成立しているために、一瞬で本質を摑む様相を表現している。これに対してユングの懸念する「今ここ」の場合、感覚知覚に基づく時空にピン留めされた意識を生きており、即物的で無機質な物質中心主義に基づく世界が表現されている。ユングの「悪魔化」とは極端な表現ではあるが、超越的な世界と乖離した無機質な時間や空間には、悪魔が入りやすく、また悪魔の居心地が良い場所のようである。そこでは我々のイマジネーションは麻痺している。

　心理臨床に目を移せば、面接室に箱庭を準備してクライアントに箱庭を置いてもらうとき、そこは「今」や「ここ」という時空を相対化した超越の場として利用されることになる。ここで、比較のために紹介したいエピソードがある。箱庭療法が良いと聞いた熱心な母親が子どものために自宅に箱庭を買うということが実際にあったのである。これがなぜナンセンスとなるかというと、残念なことに、「今ここ」の要素の強い箱庭になって

しまうからである。また、プレイセラピーが良いと聞いても、遊んでいるだけでは、といぶかる母親や、プレイセラピーの内容を聞いて、それを自宅に戻り母子で再現しようとする母親も決して珍しくない。これらの現象も同様に理解できる。プレイルームや箱庭という特別な場が何を目的に設定されているかというと、「今ここ」の縛りを解く場所、時空を相対化する場所、スピリットの躍動する場所を提供するためなのである。

　ユングの指摘する「今ここ」の根をたどると、科学信仰、物質中心主義が控えている。本来は文明の発展に寄与すると考えられている高度の知性や科学が、実際には逆に人間を滅ぼしかねない事態の本質を見通して、彼はその問題を指摘しているのである。心理学においては、生き生きとしたスピリットの働きに対する感性を磨き、それを研究する場所として、事例研究の貴重さがより際立つ時代となっていると思われる。

　人類は物質中心主義の暴走のために超越へのリンクを閉ざし、「無知（認識の欠如、無明）の犠牲となった」（*MDR*, p.326）とユングは歴史を見ている。この状態を抜け出すヒントをここでユングの言葉（*MDR*, p.326）から探っていきたい。一つ目の指摘は、「無知」にしがみつかないことである。すなわち「無知」にとどまろうとする自身の心の傾向を認めることである。もう一つの指摘は、無意識の操り人形として生きないことである。心理学的には同一視の状態である。物質中心主義に陥ると、完全にスピリットに背中を向けることになってしまう。それがかたくなであればあるほど、スピリットの声が届きにくくなり、そこに「今ここ」の暗闇が支配し、ユングが「悪魔化」という強い表現で描写する状況に陥る。このとき、自我と無意識的な要素が二人羽織のようになる。すなわち、自分の意志に基づいた目的に向かって活動しているつもりでも、実のところ踊らされている状態となり、あたかも共依存の極端な場合のように、自己破壊の暴力の温床を育んでしまう。ユングのいう「無知の犠牲」が表現しているのはこうした状況と思われる。

　上述の二つの脱却すべき状態に共通しているのは、我々がなぜ生きるのかを問う意識、人生の本当の目的、を捨て置く生き方であり、すなわち自己実現のプロセスに進むことのない状態、スピリットの活躍のない状態で

ある。これでは人間が知性を肥大化させるのみとなり、マシンとしての人間への、大げさに言えば、いわば自身をアンドロイド化する道を築いてしまう。プエブロ・インディアンが西洋人に異常さを見たのはこの傾向に気づいてのことなのであろう。

ユングは『自伝』の中で、「我々が見分けられる限りにおいて、人間の存在の唯一の目的は単に存在するだけという暗闇において、光をともす（kindle）ことである」と述べている（MDR, p.326）。先のスピリットをめぐる考察も考え合わせると、ここでの圧倒的な「暗闇」と始まりの小さな「光」のコントラストは、物質との関係の高度に分化した様相と、スピリットとの関係が未分化な様相のコントラストに対応しているように見える。「人間の存在の唯一の目的」は、自己実現のことと理解される。すなわち「単に存在するだけという暗闇」というのは、超越から乖離した即物的な自然界の理解、あるいは、物質中心主義を妄信する自我で完結した有限の世界観、すなわち自己実現という目的を見失った心を意味している。そして、「光をともす」というのは、そうした無目的の世界にスピリットをもたらすということである。すなわち、超越とのリンクが危うい世界にスピリットを保つ条件を整え、スピリットの運んできてくれる本来的なるものの叡智に意識を向け続けることを意味している。先に紹介したように、ユングは物質中心主義が抑制を失って暴走すると同時に「自律的な人格」が消えること（extinction）を指摘していたが（CW 9i, par.393）、これは「光をともす（kindle）」の真逆の展開であり、スピリットの躍動の余地のない事態である。そこには暗闇が残されるのである。

5　結語──自利利他円満

ユングは、『自伝』の第11章の末尾において、仮説的にではあるが、次のような考えを述べている。「ちょうど無意識が我々に影響を与えるのと同様に、我々の意識領域の増大が無意識に影響を与えるとすら考えられる」（MDR, p.326）。通常、無意識と意識領域を考えるとき、意識領域というのは心の全体の氷山の一角と例えられる。すなわち、無意識領域の方が圧倒的に大きいというイメージである。さらにセルフと自我の比較につ

いて言えば、セルフの方が圧倒的に深い智を備えていて、叡智の差異は果てしなく大きい。格があまりにも違うのである。けれども、このユングの発言を注意深く読むと、意識と無意識の間に対等のニュアンスさえ読み取れるところがある。そして、意識の営みが無意識あるいはセルフにとって滋養となるイメージすらわくのである。その結果、好循環の円環もイメージされる。もともとユング心理学は目的論的な視点を重視するが、ここでの円環は、さらにその深みが増すパースペクティブであり、仏教の自利利他円満という境地、摂理に通じる。

　自利利他円満の円環に関与して生きるとき、子どもが親の所有物ではないように、私も私の所有物ではないととらえる意識が生まれている。このとき、安楽死を是とする意見がいかに身勝手なものか、より明確に理解されることと思われる。このトピックから逆に、現代を飲み込む勢いの物質中心主義とユングの思想との差の大きさが明確になる。子育てが同時に親育てであるように、命を生きるというのは、私とスピリットが互いに対話を通して新しい意識を育んでいくプロセスである。そうした摂理にユングはリアリティを見出し、仮説的に述べたのではないかと思われる。

　毎日太陽の運行を助けることを自身の存在理由とするプエブロ・インディアンのことを、ユングは「世界の第二の創造者」（*MDR*, p.256）と表現している。恐らく先の仮説はこの言葉のパラフレーズであろう。私の所有物ではない私を生きるということが、「世界」の創造にもかかわっているという責任の自覚にも通じる。物質に基づく限定のない、時空を相対化した「世界」とともに生きる現実は、命に目的と方向をもたらす。プエブロ・インディアンにとっての太陽は、物質として切り取られた太陽ではない。

　日本の漫画やアニメやライトノベルで「異世界」が一大分野を築いていることはよく知られている。本稿のテーマであるユングの鳴らす警鐘のポイントは、我々が物質とスピリットのそれぞれと結ぶ関係の分化とバランスであったが、もしかすると日本のこうした領域でも、それが着々と推し進められているのかもしれない。それは、頭による知的な研究ではなく、恐らく胸やお腹による研究、感性に導かれての探究なのではないか、左脳

ではなく右脳による模索ではないか、と想像される。

文　献

Jung, C. G. (1948). The Phenomenology of the Spirit in Fairytales Translated from "Zur Phänomenologie des Geistes im Märchen," Symbolik des Geistes. (Zurich: Rascher, 1948.) *The Collected Works of C. G. Jung Volume 9/i*. Princeton, NJ: Princeton University Press.

Jung, C. G. (1961). *Memories, Dreams, Reflections* (English Edition). Vintage Books Edition, 1989.　本文中で示した『自伝』のページ番号はこの英語版による。

Jung, C. G. (1961). *Erinnerungen, Träume, Gedanken von C. G. Jung*. Aufgezeichnet und herausgegeben von Aniela Jaffé. Olten: Walter-Verlag, 1971.

出会いの生命

高月玲子
高月心理相談室

はじめに

　生命。このように名詞になると、それだけで何となくひからびていて、ことの本質からかけ離れてしまうように思えてしまう。ユングの母語であるドイツ語などでは、Leben は名詞であり、そのまま動詞の不定形でもある。人称と共に変化する動詞であれ、変化をこうむらない名詞であれ、等根源性に支えられた Leben という言葉はその本質を損なうことなく自在に生かされているのだろう。生命、生きると日本語に訳される Leben が、母語ではどのような言語感覚によってとらえられ、用いられているのかわからない筆者なりの想像は尽きない。言語レベルを重視したり、拘泥するつもりはないが、用いられる言葉から生まれる息づかいに触れることは、案外重要ではないかと思う。思考と言葉との関わりが思考を深め、また言葉を紡ぎ出していく。その関係が緊密すぎると、思考は自由度を失い、固まってゆきかねない。この関係が不十分では、思考を反映した言葉は意味をなさず、誰にも了解されないことになるだろう。それでも詩の世界なら、あるいは言葉を覚えたての子どもの発話なら、楽しみながら引きこまれるなかで、詩との関わり、子どもとの関わりに心打たれることになるだろう。それだけではない。このようなことは臨床の現場で、私たちはたびたび体験しているはずである。生きた関わりがそこにはある。「ユング心理学と生命の秘密」を考え、述べていくにあたっては、生命を額縁におさめるように固定することもなく、また『生命』を概念として独り歩きさせることも許さずに、取り組んでいきたい。

1 行方不明の生命

　心理学においてとらえようとする生命は、生物学的意味での生命とどう違うのか。ユングは、1934年に書かれた『集合的無意識の諸元型について』の中でこう述べている。「心理学は生物学でも生理学でもなければ、その他の学でもなく、まさに魂についての知以外の何ものでもない」(Jung, *GW* 9/Ⅰ, §63)。この一文の直前には、心理学者であり同時に医者でもある場合は、身体（somato）- 心理学的思考が、無意識の心理学の理解の妨げになることにふれている。生物学、生理学、医学をはじめ諸科学の細分化と統合が、その時代の熱気を帯びて繰り返されていた当時に、ユングは、これらの学問とは一線を画し、袂を分かつようにして、心理学を魂についての知と位置づけた。生命の神秘に迫ろうとする科学的な挑戦は今も続いている。ユングが述べた心理学者かつ医者とは、精神科医を指しているのは明白で、この論文中に幾度か取り上げられるフロイトを念頭に置いた表現とみなせるだろう。ユングは、身体−心理学、ならびに自然科学を志向する医学的心理学が対象とする、人間という有機的な生体を、心理学の範疇からは完全に除外しようとした。つまり、心理学の心理は、生物学的意味での生命から明確に区別されているのである。

　同論文において彼はこうも述べている。「魂ある存在は、生き生きとした存在である。魂は、人間の内に生きていることであり、それ自体で生きづいており、生を引きおこすことである」(Jung, *GW* 9/Ⅰ, §56)。ここで「人間の内」と表現される人間は、先の言説をふまえると、生体としての人間と解することはできない。「生き生きとした存在（lebendiges Wesen）」「人間の内に生きていること（das Lebendige im Menschen）」「それ自体で生きづいていること、生を引きおこすこと（das aus sich selbst Lebende und Lebenverursachende）」。ユングは魂について論じるうえで、Leben の形容詞や動名詞を名詞化して用いており、Leben をいわば言葉の杖として、繰り返し掘り起こすようにして、この言葉に多くを託しているように思われる。これらの原文から、魂と Leben との関係は、魂なくしては Leben はなく、Leben なくしては魂はない、そのような不可分なアイデアとしてユングがとらえていることが見てとれる。そして、この魂、Leben が内にあ

る人間は、名前を持ち、顔があり、心臓があり、さらに言えば人格をそなえる一人とカウントできる存在とはまったく異なった、心理学が独自にとらえる人間でなければならないことに気づかされる。突きつめていくと、心理学においては、人間と呼ぼうが人と呼ぼうが、それが誰であるかについては問題にする必要はないとさえ言えはしないだろうか。

　ユング心理学における生命、そして人間が、生物学に限らず一般に理解されている生命や人間として理解することはできないことは示せても、それだけではどう違うかについての解にはならない。そもそも解は示すことができるのか。心理学において、魂の、Leben の、そして生命のありどころはほんとうに見出すことができるのか。このような問いまで立てる必要があるのではないか。

　先に見たようにユングは、心理学は、学問（Wissenschaft）ではなく、知（Wissen）であるとした。諸科学、諸学問は、それぞれに体系づけられており、その中で探究されてゆく。生物学の場合なら、生命現象、生命活動から生命の機能を解明してゆくのが仕事である。そこから得られた知見は、あのコロナ禍でバイオテクノロジーの発展とあいまって生成されたmRNA ワクチンが登場したことを好例に、最先端の研究活動はさまざまな産業分野で実用化されている。また、生命の出現時期を探る研究では、発見された35億年前の岩石の中から、生命現象固有の化学的特徴の一つである光合成の痕跡が見出された（Savada et al., 2008/2010）。発明であれ、発見であれ、対象を認識する確固たる拠りどころがあるのが科学や学問である。既存の体系の再構築を迫る発明や発見によって体系全体が刷新されることによって、科学や学問はつねに最先端であり続ける。ユングの言う心理学という知は、このような体系とは無縁の、知ることを拠りどころとしている。それゆえに、心理学においては発明や発見といった認識はあり得ない。魂の知において求められているのは、生まれること、生を引きおこすことであり、同時にそれらを見出していくことではないと言えないだろうか。

2 秘密は不可知なのか、未知なのか

　言葉に尽くすことのできないとき、つまり認識の手がかりを持たないとき、それは神秘と表現せざるを得ず、ある意味棚上げにされるが、棚上げにされたままでは知とは呼べないだろう。ユングが述べた心理学は魂についての知であるという観点に立つなら、生きていることを知ろうとする中で、神秘は神秘でなくなり、秘密は明らかにされなければならない。

　精神科医エルヴィン・シュトラウスは「われわれは現在形で生き、完了形で認識している」と述べている（Straus, 1935, p.312）。これは人間が経験している感覚について論じた中での一文である。おなじく精神科医として臨床哲学を標榜し続けた木村はシュトラウスのこの一文を読み解き、「かれはたとえば、人間が経験している感覚は『感覚することということ』であって、『感覚というもの』ではないという。『感覚というもの』としての感覚は、つねにすでに『感覚されたもの』として、個々の完結した対象として、完了形で認識され、捉えられたものにほかならない」と述べ（木村, 2004, p.1）、完了形で認識されるものではなく、客観化不可能な「感覚すること」「感じ取ること」に追究の中心を据えている。これらはユングが排した精神病理学の領域での感覚に関する論であって、ここでの文脈とはまったく異なってはいる。しかし、心理学が魂、つまり生命を知ろうとするいとなみであることを考える上で、あえてシュトラウスの一文にならうなら、次のように表現できるのではないか。心理学において、生命は、現在形で生き、完了形で生きることはできないし、認識することはできない。言葉遊びに過ぎないと評されるかもしれない。しかし、心理学における生命は、ものとして扱うことができず、認識の対象とはなりえないことを、時制を手がかりにすると明確に表現できるのではないか。ユングが、心理学を学ではなく知としたのは、心理学において魂、生命は、認識の前提となる対象化が不可能な事態としてとらえていたからであろう。対象化して認識できないがゆえに神秘や秘密となっていることについて、知ること（Wissen）によって迫っていくことにこそ、心理学の心理学たる所以がある。心理学においては、何らかのことを不可知として放置しておくことはできない。心理学は、知ろうとしていくという課題を私たちにつねに与

えている。ここで言う知るとは、知識を獲得することではなく、日本語としては収まりが悪いが、心理学すると表現されるのがふさわしいように思う。

心理学における生命そして魂は、現在形で生き、完了形では生きることはできないとするなら、生命は完全に終了することはないことになる。心理学において、生命の死、魂の死は取り上げる必要はないのだろうか。生物学的生命では、死は非生命として対置されている。生物学では、その生命の機能単位である細胞は、低酸素、毒、ATP枯渇、損傷を被ることによるネクローシスという死と、特異的、遺伝的にプログラムされた生理的シグナルとしてもたらされる「細胞の自殺」とも称されるアポトーシスとしての死がある（Savada et al., 2008/2010）——たとえばオタマジャクシの尻尾がなくなっていくのはアポトーシスによるものである。このように、生物学では、生命の完了形としての死が、そのプロセスを含めて明確に対象化されている。つまり、生命の行き着く先としての死は既知である。これに対して心理学において、生命に用意されているものは何もない。用意されているのは未知だけだと言えはしないか。そしてこの未知は、未知でなくなることをやめず、同時につねに知ろうとすることを求める。生きていることも、知ることも、現在形というより動名詞的に、変わらずに留まり続けるのではなく、つねに未知を生み出していくのである。時制表現を、計測可能な時間空間から解き放ってとらえないことには、心理学の生命のことは考えてゆけないように思われる。

3　生命と死

生命の未知に出会っていくことによって新たな未知が生まれるとすると、未知が未知でなくなったとき、それは心理学における生命の死を意味するのか。その場合、生命の側から、死の意味や死の価値を問うことはできるのか。ユングは死をどうとらえていたか。心理学は魂の学であるとし、生物学をはじめとする実体論的思考から自由になった、あるいは自由になろうとしたユングの構想はどのように展開されていったのか。ここでは、ユングの『死者への七つの語らい』（Jung, 1916/1973　以下『七つの語らい』

と記す）、およびこの著作の成立について語られている『ユング自伝』（以下『自伝』と記す）を手がかりにして筆者なりに探ってみたい。先にふれた論文とは執筆時期は前後するものの、後年の『赤の書』にも受け継がれており、脈々と生き続けるユングの心理学のコンセプトの一端を探れるのではないか。そういう思いからの進め方である。

『七つの語らい』は、紀元2世紀初頭に活動したとされる、古代キリスト教正統派からは異端視さえされていたキリスト教グノーシスのアレキサンドリアのバシリデスの著作という設定で著されている。キリスト教文化に出自を持ち普遍性をそなえたとみなされている自然科学とは一線を画した心理学の確立をめざしたユングならではの設定である。

『七つの語らい』は『自伝』に語られているように、実際に、ユングの家を訪れ、「これはいったい何事か」という問いが湧き上がる中でユングが耳にした「われわれは、探し求めていたものを見出せず、エルサレムから戻ってきた」（Jung, *Erinn.*, p.194）という群衆の叫びをそのまま引き継ぎ、死者たちを登場させて始められている。これは、ユングが内的・外的の区別を排したところで、ほんとうに体験したことであった。ここで言うエルサレムは、地上の実際の土地ではなく、キリストの身体を指す教会の象徴ととらえるべきである。そのエルサレムから戻ってきたとはどういうことか。

　ここでユングがこの体験をどう理解したか、『自伝』で語っていることを見ておこう（Jung, *Erinn.*, p.195）。ユングは、この直前に体験し書きとめていた、彼から魂が飛び去っていくファンタジーを、魂が無意識、つまり死者の国に戻ったことを意味すると語っている。そして、その魂が、この死者の国において、秘かな活性化を生じさせ、祖先の痕跡、つまり無意識の集合的内容に形を与え、魂が媒介のようになって、「死者たち」という姿を現す機会を与えると考えていた。魂が彼から飛び去っていくファンタジーの直後に、ユングの前に現れた群衆は、ユングにとってはこのような「死者たち」に他ならなかった。魂が活性化をもたらすのは、死の国とされる無意識の領域である。生命と魂を不可分にとらえたユングにとって、死も魂とは不可分なことであった。生命も魂も、また死についても、実体

論的思考から自由になって知ろうとしなければ、すなわち心理学しようと
しなければ、理解できそうにない。しかも抽象化して操作的に理解するこ
ととも違った、リアリティがなければ心理学することはできない。

　当のユングは、エルサレムから戻ってきたことについて、別のとらえ方
も示している。「天国と地獄は魂に与えられた運命であって、世俗の人間
に与えられた運命ではない。醜態と愚かさを晒す世俗の人間は、天なるエ
ルサレムに行ったとしても、どうすればよいか解らないだろう」（Jung,
GW 9/Ⅰ,§56)。この考え方からすると、『七つの語らい』冒頭に現れた
死者たちがエルサレムから戻ってきたのは、エルサレムに行ってもどうす
ればよいか解らなかったからだととらえることもできるだろう。彼らは世
俗の人間に属しており、死者にはなりきれず、形姿と声を備えた死者たち
である。『自伝』には、この体験は、『七つの語らい』冒頭に、バシリデス
が死者たちから聞いたこととして間接話法的に書かれてはいるものの、死
者たちは人間の言葉を話していることからも、死者ではあっても人間に属
した存在に留まっているといえるだろう。ギーゲリッヒは「魂は人間の否
定であり、単に人間内の別の部分や人間『にある』何かを指しているに過
ぎないのではない」（Giegerich, 2022, p.115) と述べているが、『七つの語
らい』の死者たちは、生の否定としての存在ではあっても、人間であるこ
とを否定されてはいない死者である。このような死者たちがグノーシス主
義者バシリデスに教えを乞うところから説き語られていく。バシリデスは
死者たちに、あるときは「あなた方」と呼びかけ、またあるときは「われ
われ」と呼びかける。この「われわれ」は、死者たちとは異なるグノーシ
ス主義に帰属する者としての表現と読み取れる箇所もあるが、それとは別
に、説き語る相手である死者たちとバシリデスが場を共にしていることの
表れが、この呼びかけとなったと読み取れる場合も多くみられる。「あな
た方」と「われわれ」が揺れ動きながら、バシリデスは死者たちに説き語
っていく。

　バシリデスは、無は充溢に等しく、無限にあっては、満ちていることと
空は同じであり、無は空かつ満ちていることを説いていく。そして「無に
ついて、あなた方は、何とでも言える。例えば、それは白いとか黒いとか、

存在しないとか存在するとか。無限にして不滅なるものは、何ら特性をも
持たない。つまり、それはすべての特性を持っているからである」と語り
かける。その後、バシリデスは、無あるいは充溢を、グノーシスの用語で
「プレロマ」と呼ぶことを教え、プレロマについてのパラドキシカルな語
りが展開してゆく。われわれ人間は、このプレロマそのものを理解できず、
プレロマの諸特性を、例えば充溢と空、生と死、といった様々な対立項と
して差異化してとらえざるを得ないこと。一方、プレロマにおいては、こ
れら対立項は相殺される（sich aufheben）がゆえに存在することのない諸
特性であることが説かれていく。対立項は統合へ向かうと理解されるのが
一般的であるが、プレロマにおいては相殺され無となる。この考え方にし
たがうと、充溢かつ空と同様、生かつ死と理解されなければならない。生
命「と」死ではなく、生命「かつ」死である。「死者たちは沈黙し、夜ご
と羊の群れを見守る羊飼いの焚き火の煙のように立ち昇って」ゆき、4行
のアナグラムで『七つの語らい』は完結する。

　この書は、ユングの中から溢れ出し、三晩にして書き上げられた。ユン
グ自身の魂の喪失体験後に、ユングを驚愕させた死者たちとの出会いから、
突き動かされるようにしてペンをとり登場させた死者たちは、バシリデス
との語らいを経て、新たなあり方を得て立ち昇ってゆく。このような表現
によってユングが追求しようとしたのは、充溢かつ無ではなかっただろう
か。

　ユングは『七つの語らい』を書き終えたときのことを『自伝』でこう語
っている。「ペンを置くやいなや、霊の群衆全体が消え失せ、静まり返っ
た、清らかな雰囲気に包まれた」。死者たちと「われわれ」として出会い、
説いてゆくバシリデスの語りは、人間ユング自身の死者たちとの出会いで
あり語りかけでもあり、この書を著すことが、ユングにとっては心理学す
ることであった。ゲーテの言葉、「私が詩を創ったのではない、詩が私を
創ったのだ」（Goethe, 1792/2003）にならって、ユングが『七つの語らい』
を創ったのではなく、この書がユングを創ったといえるように思う。この
書に綴られた文字、言葉は、文字、言葉であることから離れて、書き手、
読み手を経て、豊かに息づいていくのである。

4 未知との出会い

『自伝』によると、『七つの語らい』を書き終えた「翌日の夕方には、再び何かが鬱積し、そしてまた始まった。1916年のことだった」(Jung, *Erinn.*, p.194 邦訳ではこの一文が欠けている)。グノーシス主義者バシリデスによる説き語り『七つの語らい』は完結し、一旦は平穏を得たグノーシス主義者ではなく心理学者であるユングは、この書を書き切ることで、自らの体験から、魂の心理学への変容を成し遂げたわけだが、これはゴールではなく始まりであったようだ。同じ年に、ユングは最初のマンダラを描くこととなり、その後、数え切れない数のマンダラが描かれてゆく。ユングは自身が描いたマンダラを、「日ごとに私に示された私自身の状態についての暗号(Kryptogramme)であった」と語っている(Jung, *Erinn.*, p.199)。このとらえ方は『七つの語らい』の締めくくりに記されたアナグラムと近いものが感じられるが、執筆から描画へ、そして言語と非言語とが行き交ってゆく過程で、ユングの心理学は「個性化」と「全体性」の考え方へと方向づけられていく。その結実であるこれらに関する著作にはマンダラが多く提示され、それらが個性化過程をいかに示しているかが解釈されている。言葉で示すところからマンダラを描くことを経て、新たな境地で、マンダラが心理学されていったといえるかもしれない。『七つの語らい』においてバシリデスが説いたプレロマの考え方も、ユングを通して心理学化され、マンダラの解釈にも活かされている。繰り返しマンダラを描くごとに、あらゆる可能性から一つが取り出され、それ以外は不可能となる、差異化と相殺が繰り返されていったのである。

言語によって、また非言語によって表現されたことは、そのままでは物に過ぎないが、読むこと、見ることを通して、魂について心理学する次元へと開かれていく。そして未知を差異化することによって新たな未知に出会うことになる。

5 さいごに

ここで臨床の場に目を移してみよう。箱庭療法では、何も置かれていない箱庭に何かが作られていき、出来上がった作品に対して、作ったクライ

エントが何か説明をすることはあっても、セラピストは解釈を控えてプロセスを見守る。そしてまた箱庭はもとの何も置かれていない箱庭に戻る。言葉を捨てて見守ってゆく。そして置かれたミニチュアも取り去られ、箱庭には何もなくなる。この出来事全体が、未知を生み出し、魂を心理学することを用意しているのではないだろうか。

　ユング心理学は魂についての知であり、それはすなわち生かつ死についての知である。この知は、わからないこと、未知にコミットし続けることを私たちに求めているのである。

文　献

Giegerich, W. (2022). *Was ist Seele?* Toronto: Dusk Owl Books.

Goethe, J. W. von (1792). *Kampagne in Frankreich*. Aug. 30. (永井博・味村登 (訳) (2003). 滞仏陣中記　ゲーテ全集12　潮出版社)

Jung, C. G. (1995). *Gesammelte Werke*, 9/Ⅰ. Solothurn, Düsseldorf: Walter Verlag. (林道義 (訳) (1999). Ⅱ 集合的無意識の諸元型について　元型論〈増補改訂版〉紀伊國屋書店)

Jung, C. G., Jaffé, A. von (Hg.) (1916). Ⅶ Sermones ad Mortuos. *Erinnerungen, Träume, Gedanken von C. G. Jung*. Zürich, Düsseldorf: Walter Verlag, pp.388-398. (河合隼雄・藤縄昭・出井淑子 (訳) (1973). 付録Ⅴ　死者への七つの語らい　ユング自伝2——思い出・夢・思想　みすず書房　pp.243-261.)

Jung, C. G., Jaffé, A. von (Hg.) (1967). *Erinnerungen, Träume, Gedanken von C. G. Jung*. Zürich, Düsseldorf: Walter Verlag. (河合隼雄・藤縄昭・出井淑子 (訳) (1972/1973). ユング自伝1・2——思い出・夢・思想　みすず書房)

木村敏 (2004). 未来と自己——統合失調症の臨床哲学試論　現象学年報, 20, 1-14.

Savada, D. E. et al. (2008). *Life: The Science of Biology*, 8th Edition. Sunderland, MA: Sinauer Associates. (石﨑泰樹・丸山敬 (監訳・訳) (2010). アメリカ版大学生物学の教科書　第1巻・第2巻　講談社)

Straus, E. (1935). *Vom Sinn der Sinne*. Berlin: Spranger.

ユングの心的エネルギー概念

岸 本 寛 史
静岡県立総合病院

はじめに

　本稿では、日本ユング心理学会第12回大会プレコングレスの基調講演「計算する生命」（森田真生先生）との関連で、ユング心理学における「量的なもの」に焦点を当てる。すぐ思い浮かぶのは、言語連想検査において、ユングが、連想の内容のみならず、反応までの時間に注目したことであろう。ユングは「簡単な言語の連想において、反応時間がおそくなる事実を認め、それは知的な問題というよりも、むしろ情動的な要因によって起こると考え、これを臨床的に応用しようとして、言語連想実験の方法を確立した」（河合, 1967）。そして「感情に色づけられたコンプレックス」という概念を提唱するに至るが、その発端に、「反応時間のおくれ」という量的なものへの関心があったことが注目される。

　ユングの量的なものへの関心はその後もさまざまな形で発展していくが（マンダラにおける「4」への着目など）、本稿では「心的エネルギーについて」（Jung, 1928, *GW* 8）という論文を見ていく。邦訳もなく、あまり言及されることのない論文だが、ユングの心理療法を考える上で見過ごすことのできない重要性を有していると思うからである。

フロイトにとっての「量的概念」

　本題に入る前にフロイトについてふれておきたい。精神分析の出発点にも「量的なもの」への関心があった。「科学的心理学のためのプロジェクト」（Freud, 1950［1895］/2010）の第1節は「第一の主要定理」で、その

第1項がまさに「量的な概念」となっている。ユングの心的エネルギーの概念とも響きあう部分があるので、まず、フロイトの「量的な概念」について見ておく。

「プロジェクト」の目的は、「心的なプロセスを、特定可能な物質的単位の量的に決定された状態として表現すること」（強調は引用者）であり、その際、「活動と安静を区別するものを、Q（一般的な量）とみなすこと。それは運動の一般的法則に従う」とされる。神経系は安静時（外的刺激のない時）も活動しているが、外から刺激を受けると（興奮時）、活動が増す。この差がフロイトにとっての「Q（一般的な量）」なのである。フロイトが量について論じるとき、この（安静時と興奮時の）「差」が問題になっているということが見落とされやすいので注意が必要である。

そして、Qが従うとされている運動の一般法則は「慣性の法則」である。外界からの刺激により興奮した神経系は、その増加分に相当する量Qを取り除いて安静状態に戻ろうとする。こうして、反射運動は「慣性の法則」の表れと捉えることができる。たとえば、腱を叩くという刺激が神経に伝わると、神経の興奮量が増加し（Q）、その信号によって、下腿が跳ね上がるという反応（Qの放出）が生じる。この一連の反射は、Qの入力とその放出という形で理解できる。

しかし、「生物の内部が複雑になるにつれ、神経系は身体的要素それ自体から刺激を受けるようになる」。つまり、Qは生体の外部からだけでなく、生体の内部（身体）からも入ってくる。内部からのQは外部からのQと比べて、絶え間なくさまざまな形で流入してくるため、そのすべてを放出することができず、ある程度のQが神経内部に蓄積することになる。しかし、「慣性の法則」が働くため、生体は常にQを減じようとすることになる。

これがフロイトの快原則の根本にある仕組みである。フロイトが「不快は興奮の量の増加に対応し、快は減少に対応する」（Freud, 1920/2006）と述べるとき、快・不快に対応するこの「量」とは、安静時と活動時の差（フロイトの言い方を用いれば「束縛されていない［興奮の］量」）を意味していることを忘れてはならない。（快を感じるときに興奮が増加するの

ではないかという批判は、この前提を考慮に入れないことによる）。快原則は「慣性の法則」から発展してきた原則なのである。フロイトの「備給」の背景にもこの「慣性の法則」がある。フロイトは「欲動（Trieb/drive）」を「身体とのつながりの結果として精神に求められる仕事の尺度として、生物体内から発生し、精神に到達する刺激の心理的な代理物」（Freud, 1915/2010）と定義しているが、この「仕事」とは身体内部からのQであり、それを「尺度」すなわち量的な概念と捉えている。こうしてみると、精神分析の根本に「慣性の法則」があり、「量的なもの」への洞察がその核心にあったことがわかる。

ユングの「心的エネルギー」論
１）心理学におけるエネルギー的な観点に関する一般的見解
a. 機械論的観点とエネルギー論的観点

　ユングは、『変容の象徴』で提唱したリビドーの概念が多くの誤解と批判を招いたことから、「心的エネルギーについて」（Jung, 1928, *GW* 8, 以下パラグラフ数はすべて *GW* 8）という論文を書き、リビドーという概念の根拠を再検討した。そこにユングの「量的なもの」に対する考え方が述べられているので、本稿ではこれを手掛かりにして見ていく。

　ユングによると、物理的事象は、機械論的観点とエネルギー論的観点の二つの観点から考察が可能である（§2）。前者は純粋に因果関係に基づき、事象を原因の結果と捉える。これに対して、エネルギー論的観点は目的因的なものであり、事象を結果から原因へと遡る。因果関係に基づく機械論的観点と、目的因に基づくエネルギー論的観点。両者は不可欠の説明原理である（§3, §4）。

　しかし、論理的には、同じ事象の組み合わせが同時に因果的かつ目的因的であると思い描くことはできない。一方は原因から結果へと順行し、他方は結果から原因へと遡行するからである。したがって、これらは一つの事実に対する二つの観点であると考えねばならない。どちらの観点が優勢であるかは「事物の客観的な振る舞いよりも研究者や思想家の心理的態度によって決まる」。両者が矛盾するのは「単なる観点にすぎないものを対

象に不当かつ無思慮に投影する」からであり、物理的事象の理解には、機械論的因果的観点とエネルギー論的目的因的観点の両方が必要である（§4，§5）。しかし、この点はなかなか理解されにくい。ユングは、フロイトの因果的観点とアドラーの目的因的観点の両方を正当に評価しようと努め、「その苦労の甲斐なく、両陣営から、曖昧主義的で疑わしい立場をとっていると非難を受けて痛い目にあった」「戦時中、善意さえもしばしば否定される中立国と同じ運命をたどった」と述懐している（§44）。

b．心的現象へのエネルギー的観点の適用可能性

　次にユングは、エネルギー論的観点を心的現象に対して用いることの妥当性について論じている。心的エネルギー概念の提唱者の一人、フォン・グロットの「心的エネルギーの概念は、物理的エネルギーの概念と同じくらい科学的に正当化されており、心的エネルギーには物理的エネルギーと同じくらい多くの定量的な測定方法とさまざまな形態がある」との見解を起点とする（§8）。しかし、心理的なものと物理的なものとの関係については、それ自体さまざまな問題を含んでいるので棚上げにして、「心を比較的閉じたシステムとみなす」という立場をとる（§11）。これは、フロイトが「純粋に心理学的基盤の上に留まる」（Freud, 1900/2011）と宣言した態度と図らずも軌を一にしているように思われる。

　心的な内容の価値の強さを主観的に評価することは可能である（§15）。たとえば、5段階、もしくは7段階のリッカート尺度で被験者に快・不快の程度を評価することは心理学研究ではよく行われている。これは、心的な内容の価値が原理的には定量化可能であることを示すものである。しかし、無意識の影響を考慮に入れるとなると、主観的な評価は役に立たないため、量を客観的に見積もる必要が出てくる（§16）。

　量の客観的評価を行うためにユングが注目したのは「コンプレックス」（感情に色づけられた内容の周りに集まる特定の心的要素の布置）であった。コンプレックスの核は経験と気質の二つの要因から形成され、その周辺に二次的に布置した多数の連想がある（§18）。核となる要素は感情の強度に色づけられており、エネルギーの観点からすると、価値の量を持つ

といえる。つまり、核となる要素には「エネルギー価値に対応する布置を形成する力」がある（§19）。

この布置形成力は客観的な手法で計測できる。ユングは三つの方法、すなわち（1）核となる要素によって影響を受ける布置の相対的な数、（2）妨害やコンプレックス反応の相対的な頻度と強度、（3）付随する感情の強度（脈拍曲線、呼吸曲線、皮膚電気活動など）を挙げている（§20）。

このように、ユングは、心的現象に対して量的評価は可能であると想定していた。ただし、臨床経験からは、意識と無意識の間には補償関係が存在することが知られており、無意識も考慮に入れる必要がある。主観的な評価だけでは不十分であり、コンプレックスの布置形成力を測定することで、コンプレックスの核をなす感情の強度を客観的に見積もることができると考えたのである。

２）エネルギー論的立脚点の適用

a．エネルギーの心理学的概念

心理学において量的評価が可能であるなら、エネルギー論の立場から心的現象を理解することも可能となる。機械論的説明が実体、質に関わるのに対し、エネルギー論的説明は実体同士の関係、量に関わるものだとユングは考えていたからである。ただし、心的エネルギーと物理的エネルギーとの間に等価関係が存在することは科学的に証明されていないので、両者の関係については見解を留保し、「特定の心的エネルギー」を仮定するとの立場をとる（§§26-29）。

かくして、物理的エネルギーとは区別される「特定の心的エネルギー」が想定される。しかし、心は意識的なプロセスのみならず無意識的なプロセスも含むとする深層心理学の立場からは、心的エネルギーを意識よりも広い基盤の上に置かねばならない。その場合、脳の生理学が示すような生物学的プロセスとの区別が曖昧となる。そこでユングは、意識のみを想定するような狭義の心的エネルギーと、脳心理学が示すような生物学的プロセスとの両方を含む、仮説上の生命エネルギーを、（フロイトに敬意を払って）リビドーと呼ぶことにした（§32）。

b. エネルギー保存則

エネルギー論的観点に立つと、リビドーに対して「エネルギー保存の原理」が適用できることになるが、その際、不変性の原理と等価性の原理を区別しておく必要がある。不変性の原理は、「エネルギーの総量は一定のままであり、増加も減少もしない」というものであり、等価性の原理は、「ある状態をもたらすために費やされた、または消費されたある量のエネルギーに対して、同じ、あるいは別の形のエネルギーが他の場所に同じ量だけ現れる」というものである。物理的エネルギーとの関係については保留にしたままであるため、リビドー（広義の心的エネルギー）に対しては「不変性の原理」ではなく「等価性の原理」が適用されるという（§34）。

ユングは、神経症の治療において等価性の原理が大きな発見的価値を持つことを指摘している。抑圧とその代用形成は等価性の原理から説明できる。代用となるものが形成されずにリビドーの総和が消えるように見えることがよくあるが、その場合、代用となるものは無意識のもので、患者が気づいていないだけである。臨床においてはそのような時には等価性の原則に固執することが賢明だとする（§35）。

それでは、フロイト派の因果的立場、原因へ還元するアプローチはどこに問題があるのだろうか。「原因への還元」の精神では、心理学で最重要の「発達」という観念を正当化できない（§40）。フロイトの因果的立場によれば、性的要因という「不変の実体」だけが存在し、あらゆる解釈は常に単調にその活動に引き戻されることになる。「原因だけでは発達は不可能」であり、「心の分化には、エネルギー論的観点から原因を象徴的に解釈することが必要」なのである（§46）。

原因を突き止めるだけでは変化は生じない。心理療法的な観点から、症状を乗り越えて、心が発達する可能性に開かれるためには、因果的な見方ではなく、目的因的な見方が必要であり、エネルギー論的観点を導入することの意義はそこにある。そして、心の発達が達成されるには、「原因の価値量を超える価値量を持つ象徴の引力が必要」（§47）であるという。ここでユングが述べているのは、発達にはエネルギーの変換が必要であり、それは象徴を通して行われるというのだが、これを理解するためにはエン

トロピーの原理について触れる必要がある。

c. エントロピー

　エネルギー理論において、等価性の原理と並んで重要な命題がエントロピーの原理である。ユングは、物理的なエネルギー理論におけるエントロピーの概念を心理的なエネルギーにも援用している。物理的エネルギーにおいては、「エネルギーの変換は、強度の差の結果としてのみ可能」であり、「カルノーの法則によれば、熱は、より暖かい物体からより冷たい物体へと移動することによってのみ仕事に変換される。しかし、機械的な仕事は絶えず熱に変換されており、その強度が低下するため、再び仕事に変換することはできない。このようにして、閉じたエネルギー系は、その強度の差を徐々に減らして均一な温度にし、それ以上の変化が起こらないようにするのである」（§48）。

　これと同じように、心の領域でも「永続的で比較的不変の態度の発達に作用しているのを見ることができる。最初は激しく揺れ動くが、その後、対立するものは互いに均等化し、徐々に新しい態度が発達する。その最終的な安定性は、最初の差異の大きさに比例して大きくなる。対立する二つのものの間の緊張が大きければ大きいほど、そこから生じるエネルギーは大きくなり、エネルギーが大きければ大きいほど、その布置する力、引きつける力は強くなる」（§49）。

　のちにユングは錬金術を研究し、「対立物の結合」という概念を洗練させるが、その萌芽はここにあるのではないだろうか。さらに言えば、先にフロイトについてふれたが、これと照らしてみると、ユングがエントロピーという概念で理解していることは、フロイトが「慣性の法則」として理解していることと重なることが見えてくる（安静時と興奮時の差であるフロイトのQは、ユングの言う「対立する二つのものの間の緊張」に相当し、いずれも最終的にはその落差が解消する方向に向かう）。ただ、フロイト派の精神分析の因果的・機械論的立場では心的な内容の価値を正当に評価するには不十分なので、分析心理学はエネルギー論的立場を考慮に入れざるを得なかった、とユングは言う。「価値を説明するには量的概念が必要

であり、性愛のような質的概念で代用することは決してできない。質的概念は常に物、実体の記述であるのに対し、量的概念は強度の関係を扱い、物や実体を扱うことはない」。

ユングのエントロピーに関する議論は（フロイトの「慣性の法則」も）、現在の立場から見ると、ホメオスタシス（恒常性の維持）の概念を組み入れて説明すべきところもあるように思うが、心的現象を量の観点から見て理解しようとしているところにその先見性があると思う。

d．エネルギー説と力動説

事実の系列 a-b-c-d は、因果的機械論的見解では、a は b を引き起こし、b は c を引き起こし……という形で理解される。したがって、結果という概念は、原因の内から出てくる力、すなわち力動として、質を表示するものといえる。一方、目的因的エネルギー論的見解では、a-b-c はエネルギーを変換する手段とみなされる。エネルギーは、原因に拠ることなく、エントロピーに従って、（確率的に）稀な状態 a から b-c を経由して、（確率的に）ありふれた状態 d へと流れていく。ここでは因果的な結果は完全に無視され、作用の強度のみが考慮される。強度が同じである限り、a-b-c-d を w-x-y-z と置き換えることもできる（§58）。エネルギー論の観点から言えば、強度が同じであれば別の系列に置き換えることが可能であるという点が重要である。ここから、エネルギーの変換という発想が生まれてくるからである。

３）リビドー理論の基本概念

エネルギーは何もしなければ高所から低所に向かって流れる（これをユングはエントロピーの法則で説明していた（§3,§49,§58））が、心的エネルギーについて、ユングは進行と退行（§§60-63）、外向と内向（§§77-78）、進化と退化（§70）の三つの流れを主に区別している。進行とは、心理的適応のプロセスが日々進むことで、適応の達成は、「態度の獲得」と「態度による適応の完了」という２段階で完了する（§60）。環境条件に変化が生じ、異なる態度が必要となるときには、態度が適応の要求を満

たせなくなり、リビドーの進行が停止する（§61）。対立物のペアが分裂
し対立し、リビドーの後退が始まる。進行と退行がリビドーそのものの流
れの向きであるのに対し、外向と内向は各個体と環境との関係におけるリ
ビドーの流れの向きに関わる。エネルギーが外的世界（環境）に向かうの
が外向、内的世界に向かうのが内向である。こうして、外向的な退行と内
向的な退行が区別される（§77）。ユングは目的因的な観点から、退行に
も治療的な意義があることを認めていた。「退行が表面にもたらすものは、
確かに一見すると深淵から引き上げられた泥のように見える。しかし、表
面的な評価にとどまらず、先入観に基づいた判断を下すことを控えれば、
この『泥』には、単に相容れない拒絶された日常生活の残滓や、不都合で
好ましくない動物的傾向だけでなく、新しい生命の芽や将来への重要な可
能性も含まれていることが分かるだろう」（§63）。

　退行が「新しい生命の目や将来への重要な可能性」につながるためには、
心的エネルギーは変換のプロセスを経る必要がある。これをユングは「リ
ビドーの運河化」（言語は Verlagerung（移動）だが、英訳の canalization に
ならう）と呼んでいる（§79）。「自然に任せておくと、エネルギーはその
自然の『勾配』に沿って変容する。このようにして自然現象は生み出され
るが、『仕事』は生み出されない。同様に、人間も自然に任せると、自然
現象として生きているのであって、言葉の本来の意味において、仕事を生
み出すことはない」。それゆえ、エネルギーを「それと等価な他の動的現
象」に変換する必要がある（§80）。

　「エネルギーを変換する心理的メカニズムが象徴である」（§88）。ユン
グは、エネルギーを変換する象徴を「リビドー類似体」と呼んでいるが、
これは、リビドーに等価な表現を与え、それを本来とは異なる形に「運河
化」することができる観念を意味する（§92）。ユングの「象徴」は、エ
ネルギー論にその土台があるのである。そして、象徴が自然よりも急勾配
を提供する場合にのみ、リビドーを他の形に運河化することが可能になる
（§91）とされる。神経症の治療開始時も象徴形成のプロセスは働いてい
るが、リビドーの勾配が低すぎるため不適切な形で働いているので適応が
うまくいかない（§93）、とユングは捉えている。そこで、還元主義的精

神分析の方法により、「不適切な象徴形成をすべて分解し、それらを自然な要素に還元する」（§93）。そして、ひとたび自然な状態に還元されたら、「過剰なリビドーにとってより好ましい勾配が見つかるまで、象徴形成を総合的な方向に強化する必要がある」。こうして象徴の総合的な再構築がなされる（§§94-95）。

　また、象徴によるリビドーの変容は、人類の始まり以来ずっと続いてきたプロセスであり、今も続いている。象徴は決して意識的に考案されたものではなく、常に無意識から啓示や直感によって生み出されるものである（§92）。

　ユングはこの後、性と宗教の問題、進化の問題、またリビドーの原始的概念としてダコタ族のワコンダ、イロコイ族によるオキ、アルゴンキン族によるマニトゥ、ゴールドコーストのウォン、オーストラリア先住民のチュリンガなど具体的な例に言及しながら、エネルギーの原初的な概念について論じているが、紙数の関係で、本稿で論じることは叶わない。

おわりに

　こうしてみると、ユング心理学における「補償」や「対立物の結合」といった概念は「量的なもの」への洞察から生まれてきたといえるのではないだろうか。さらに、「象徴」はエネルギーの変換装置として位置づけられ、リビドーの運河化というイメージを抱いていた。ユング心理学においては、元型や象徴など、心的内容の質的側面に目を向けられることが多かったが、治療的には、目的因の観点からエネルギー論を土台として、量的な側面にも目を配らねばならないことがわかる。ユングのこのようなスタンスは、現代においては、神経精神分析を創始したマーク・ソームズの二面的一元論（Solms, 2021/2021）に通じる立場だと思うし、現代の脳科学の知見に照らしても、色褪せていない部分があると思うが、紙幅の関係で論ずることはできなかった。またの機会に譲りたい。

文　献

Freud, S.（1900）. The interpretation of dreams. *Standard Edition of the Complete Psychological Works of Sigmund Freud, 4 and 5*. London: Hogarth.（新宮一成（訳）（2011）．夢解釈II　フロイト全集5　岩波書店）

Freud, S.（1915）. Instincts and their vicissitudes. *Standard Edition of the Complete Psychological Works of Sigmund Freud, 14*. London: Hogarth, pp.117-140.（新宮一成（訳）（2010）．欲動と欲動運命　フロイト全集14　岩波書店）

Freud, S.（1920）. Beyond the pleasure principle. *Standard Edition of the Complete Psychological Works of Sigmund Freud, 18*. London: Hogarth, pp.7-64.（須藤訓任（訳）（2006）．快原理の彼岸　フロイト全集17　岩波書店）

Freud, S.（1950［1895］）. Project for a scientific psychology. *Standard Edition of the Complete Psychological Works of Sigmund Freud, 1*. London: Hogarth, pp.283-397.（総田純次（訳）（2010）．心理学草案　フロイト全集3　岩波書店）

Jung, C. G.（1928）. Über die Energetik der Seele. *GW* 8. Olten: Walter Verlag.

河合隼雄（1967）．ユング心理学入門　培風館

Solms, M.（2021）. *The Hidden Spring: A Journey to the Source of Consciousness*. New York: W. W. Norton.（岸本寛史・佐渡忠洋（訳）（2021）．意識はどこから生まれてくるのか　青土社）

講演録

私とユング心理学
折口信夫の俤を追って

老松克博

大阪大学大学院

人格系の人

　スイスで *The wandering ego* という分析家資格論文を書いた頃から、私は「旅」「漂泊」「さすらい」に関心を抱いていて、その背景には折口信夫の学問体系がありました。私にとって、長いあいだ変わることなく惹かれた学者といえば、ユングと折口です。今日は、私自身のことはほどほどにして、折口の人と仕事をあらためて捉え直し、ユング心理学の発展に資することのできそうな知見を探してみようと思います。

　まずは、その生涯です（伝記的事実については、個別に明記した箇所を除いて、『折口信夫全集第卅一巻』所収の「年譜」を中心に、池田, 1972、加藤, 1967、中村, 1972、岡野, 2000, 2017から引用。年齢は数え年）。折口信夫は明治20年（1887年）の生まれで、ユングより12歳下。だいたい同時代の人です。民俗学者、国文学者として、いわゆる「折口古代学」を展開したことで知られています。まれびと、依代、貴種流離など、「折口名彙」と呼ばれる独自の説明概念を提唱しました。また、釋迢空という筆名で、歌人、詩人、作家としても著名です。句読点、スペース、行分けを用いて表記した、たくさんの秀逸な短歌を残しました。写真1は19歳頃の折口で、第1歌集にはおおむねこの頃以降の歌が収められています。

　折口は大阪生まれです。生家は戦争で焼けてしまったのですが、その跡地近くに「生誕の地」の石碑が建立されています。母方曾祖父の代から生薬や雑貨を商い、町医者もしていました。信夫が生まれた頃には、母方祖母、両親、母方叔母ふたり、きょうだいが同居していました。信夫は7人

写真1　19歳頃の折口信夫（國學院大學折口博士記念古代研究所、2019より）

同胞の5番目です。すでに亡くなっていた母方祖父は、奈良の飛鳥坐神社の社家から迎えられた婿養子で、実直な信頼の厚い人でした。ところが、やはり婿養子として医業を継いだ信夫の父親は放蕩者だったため、夫婦仲は冷えきって、母親にはちょっとした不貞があったといわれています。

店を実質的に切り盛りしていたのは、社交的で聡明な下の叔母でした。一方、上の叔母は黙々と家事にいそしむ地味な人で、信夫の父親と不倫関係にありました。信夫が8歳のときに生まれた双子の弟は、この叔母と父親の子です。こうして家族関係の闇が徐々にあらわになってきます。信夫が自分は誰の子なのかと思いつめるのも不思議ではありません。生育歴には、ほかにも気になる点があります。たとえば、なぜか同胞のなかでひとりだけ、数年間、里子に出されています。生家に戻ったら戻ったで、今度は女の子の格好をさせられていたそうです（富岡, 2000）。

天王寺中学校時代の折口には、うわっとはしゃいだかと思えば元気がなくなる、折口自身が「ふさぎの虫」と呼ぶ気分の変調がありました。明治35年（1902年）、16歳のときに父親が急逝し、その後、何度か自殺企図をしたり、落第したりしています。父親の死との因果関係はわかりません。当時、折口には同性愛関係だったらしい相手がいて、その影響も考えられます。しかし、原家族の状況が折口の不安定なパーソナリティの形成に一役買ったのは間違いないでしょう。自己愛の傷つきに起因する、いわゆる人格系の人としての側面です（老松, 2014）。

それから、東京の国学院の大学部に入学。予科を経て本科国文科に進みますが、在学中の折口に関する情報は多くありません。明治44年（1911

年）、卒業して25歳で帰阪すると、大阪府立今宮中学校の嘱託教員になります。ところが、2年半で辞めてまた東京へ。新たな恋の相手（卒業して上京する教え子）を追ってのことだったともいわれます（富岡, 2000）。しかし、その相手を含む多数の教え子を自分の下宿に居候させたため、ほぼ無職だった折口は経済的に破綻して、実家に泣きついたりしていました。

　その後、折口は大正8年（1919年、33歳）にようやく国学院大学の教員に、さらに同12年（1923年、37歳）に慶応義塾大学の教員になります。当時の折口の姿を国学院の頃の弟子がこう描写しています（加藤, 1967）。現在ではあまり穏当でないと思われる表現も含まれていますが、オリジナリティを尊重してそのまま引用します。

　　　「最初、教室で見た折口先生の印象は、奇妙なものだった。小走りするような内股で教壇に上ると、一オクターブ高い声で、講義が始まる。……なで肩で、丸みのある体つきや、大阪なまりを交えた特殊なエロキューションが、全体として女性的な感じだった。……胆汁質な言いまわしや慇懃なもの腰に抵抗を感じた。先生の性格には、女みたいな所があるにちがいないと思った」。

発達系の人

　特徴的な姿が感じ取れますね。以下、弟子たちによる証言をもとに、もう少し折口の臨床像に踏み込んでみましょう。印象的な臨床像としては、まず、こだわりが挙げられます。たくさんの例がありますが、「茶を呑みおわると、先生は……急須から茶がらを湯呑に移して、全部食べてしまわれる」（岡野, 2017）、「熱すぎるくらいの湯にからだを沈めながら……蛇口の水をだしっ放しにして、頭からかけながらはいっていた」（池田, 1972）などを挙げておきます。

　あとはおもに岡野（2017）から引用しますが、「強迫および恐怖」の臨床像も見られます。「本の上にちょっとでも埃が見えると……左袖で眼から下をおおって、右手は袖を手袋代りにして、本をつまみあげていられた」「抹茶茶碗や茶筅まで、クレゾール液で消毒して、その臭いのぷんぷ

んしている茶を、平気で飲んでいられる」「混みあった電車やバスの中で、ふと、女の髪の毛が顔や手に触れたとき」に「すさまじいばかりの嫌悪の表情」を見せた、などです。

それから嗜癖です。折口はかなりの量のコカインを常用していました。鼻粘膜を介して使うタイプのものだったため、しだいに嗅覚は脱失、執筆中の原稿には鼻血が滴るようになります。心配した弟子たちが諫めても、折口はこっそり使い続けました。生家が医業を営み生薬を商っていたという自負も手伝ってか、緩下剤、止瀉剤、解熱剤、歯磨き粉など、「刺戟の激しい薬を自己流に使いすぎていられた」ということです。

また、物質にとどまらず、旅への嗜癖というべきものもありました。折口が「羈旅の歌人」と見なされるのは、第1歌集『海やまのあひだ』がわが国をくまなくめぐり歩いて詠まれた歌で編まれていることからも、故なしとしません。北原白秋からは「黒衣の旅びと」と呼ばれていましたし、自身も旅の人だった柳田國男をしてこう言わしめてもいます。「折口君の通ったのは海やまのあひだ……信州から遠江への早い頃の旅などは、聴いていても身が縮むやうなつらい寂しい難行の連続であった」（柳田, 1954）。

さらには、怒りと衝動性にまつわる臨床像もかなりのもので、「先生の怒りの激しさは、目のあたり見た者でなければわからない」と言われるくらいです。折口の歌のなかには、自分の怒鳴り声に自分で驚いたみたいなものもあり、かなり激しい怒りの発露があったものと見えます。衝動性については、折口自身がこう述べたそうです。「独りで十国峠を越えたことがあった。……頂上に来て、眼の下はるかに熱海の町の見えるところで……いま、熱海にむかって飛びおりれば、すうっと飛んでゆけるという気がして、飛びおりてしまった」。

宗教性という臨床像も特筆すべきでしょう。少年時代に、自分が叩いたのがもとで友だちが死ぬかもと言われたのを真に受け、「心配で心配で……しまいに激しい宗教心が湧きおこってきて、あのままいったら、ほんとうの宗教家になったかもしれない」と折口は述懐しています。また、「中学二、三年頃から国学院在学時代にかけての先生の心にあった、宗教的なも

のへの傾倒の激しさは、なみなみのことではなかった」といわれているように、ややファナティックな活動にも関わっていたようです。

　ここに挙げてきたいくつかの臨床像、すなわち、こだわり、強迫および恐怖、物質や移動への嗜癖、怒りと衝動性、宗教性は、発達系と呼ばれる人にしばしば見られる典型的な特徴です。これをさきにふれた家族関係や生育歴から読み取れる様相と合わせてみますと、「折口信夫というあり方」には人格系の要素と発達系の要素の両方が入り混じっているのがわかります。

　念のため、ごく簡単に人格系と発達系の定義を述べておきましょうか（老松, 2014）。人格系は、将来を悩み、過去を悔やみ、葛藤を抱えながら生きることが特徴です。極端だと人格（パーソナリティ）障害と呼ばれますが、そこそこの程度なら多数派をなすふつうの人です。一方、発達系は、「今ここ」に熱中していて、あまりためらいがありません。多少とも衝動的で、ほどほどがないのです。極端だと発達障害と呼ばれますが、そこそこの程度ならやはり健常者。ユニークな少数派でしょう。

　折口の生い立ちには比較的濃厚な人格系の人としての姿があり、臨床像においては比較的濃厚な発達系の人としての姿が見出されます。たいていの人は一方が強くて他方が弱いのですが、折口の場合はどちらも顕著です。そのうえ、双方が強力に作用し合って稀有なあり方を形成しています。折口の桁外れに豊かな創造力の源の一端はそのあたりにありそうです。

折口の発想①──まれびととともどき

　ならば、折口ならではの着眼点とはいかなるものか。折口古代学に焦点を当てて考えてみましょう。折口の独自の概念からキーワードをいくつか挙げます。最初に「まれびととともどき」「みこともちと呪詞」、そして「叛逆と祝福」です。これらの概念をざっと見ていきます。

　はじめに「まれびと」ですけれども、これは威力ある来訪神のことです。ニライカナイとか常世などと呼ばれる異界からエネルギーに満ちた新しい魂を運んできて、古くなった魂と交換してくれる神さまです。つまり、生を更新して、活力をもたらすのです。具体的には、「村々へ時を定めて現

れ、あることばを語つて行く」（折口, 1929a）ということになります。呪言です。それは、じつのところ、家を建てる、酒を造る、火を鎮めるなど、「村人の要求通りのことば」です。遠来の神が村人の望みの実現を約束してくれるのです。

　ただし、約束成就の実行役は、折口が「土地の精靈」と呼ぶ、村の小さい神々です。なので、本来、まれびとの呪言は「皆、神の自叙傳」（折口, 1929a）でした。自身の強力な来歴を明らかにして命令を発するわけです。精霊はその霊威に畏まり、命令に従います。もちろん、なかには反抗を試みる者もいます。すると、それを屈服させるために、問答形式の掛け合いになってくる。つまり、「相手は、どう言ふ弱點を有つて居るか、其弱點を自分はよく知つて居る、と言へば、勝になる」のです（折口, 1929a）。

　こうして、まれびとの霊威はさいわいをもたらします。村人にとって厄介なのは、その霊威が災いや祟りに反転しうることです。だから、丁重に迎えてもてなし、機嫌よく出ていってもらわなければなりません。古くか

写真2　マユンガナシの来訪と歓待（芳賀, 2009より）

ら広く見られる異人歓待という風習はその現れで、一連のプロセスが祭や芸能として伝わっています。2018年には、わが国の仮面来訪神にまつわる行事の数々がユネスコ無形文化遺産になりました。まさにまれびとです。秋田のナマハゲ、石垣島のマユンガナシ、悪石島のボゼなどが有名ですが、正月の獅子舞や節分の鬼も同類です。旅をする芸能民や宗教家もまれびとと同一視されました（写真2）。

　さて、まれびとの強力な呪言に精霊がどうやって抗うかというと、擬くことによってです。無視したり滑稽に真似たりして茶化すわけです。そのようにすること、あるいはそのようにする者を「もどき」と呼びます（折口, 1929b）。折口は、そのような掛け合いが古くからの芸能に残っていることを、信濃の雪祭、三河の花祭、遠江の田楽などに見出しました（折口, 1930a）。雪祭には幸法と呼ばれるまれびとに続いて、まさにそのものズバリ、茂登喜という精霊が登場して所作を真似します。また、花祭には演出上のもどきがあります。ひとつの舞が終わったら、若干アレンジしたのをもう1回やります（写真3、4）。

　田楽に登場するもどきは三番叟といいます。三番叟は歌舞伎をはじめ、いろいろな芸能に登場しますが、能楽の「翁」に出てくる三番叟（黒式尉）がいちばん有名でしょうか。

写真3　雪祭の幸法（芳賀, 2009より）

写真4　雪祭の茂登喜（芳賀, 2009より）

翁がまれびとで、三番叟がもどきです（折口, 1930a）。翁が天下泰平や五穀豊穣の唱え言をしながら舞うのですが、あとから三番叟が現れて、同じような、でもちょっとちがう舞をします。ところが、そうやって真似ているうちに、思わず知らず、翁の命令を復唱するようなかたちになってしまうのです。三番叟は悪戯者のトリックスター（trickster）で、しまいに自分の仕掛けたトリックに自分が引っかかります。

　能や神事にはあまりなじみがない方もおいででしょうか。ふだん目にする機会が多い芸能でいえば、漫才におけるボケとツッコミの掛け合いにも翁と三番叟の姿を垣間見ることができます（鶴見, 2000）。その背景には、まれびとと土地の精霊が繰り広げる問答という元型的なパターンがあります。人がこのパターンにふれると、力を失っていた魂の更新が起こり、生が活性化される仕組みになっています。

　折口古代学は、国文学や民俗におけるまれびと／もどきというペアの発見が中核をなしています。とくに、もどきの役割の解明に注力したことが興味深い。折口には、もどき、つまり「似たもの」の働きが魅力的に見えたようです。それはなぜか。次なる折口古代学のキーワード「みこともちと呪詞」を紹介しながら考えます。

折口の発想②──みこともちと呪詞

　「呪詞（咒詞）」は、それを発した者の霊的な力の宿った言葉を指します。そして、「みこと」とは「神の発した咒詞」（折口, 1930b）で、呪言ともいいますが、居合わせた者への絶対的な命令の言葉であるとともに、当該の指示内容の実現を可能ならしめる霊力を秘めた言葉です。くわえて、「みこと」は、そのみことをさらに下位の者たちに伝達する行為を承認する言葉でもあります。「みことを唱へて、実効を挙げる」資格を付与するのです（折口, 1930b）。資格を付与された下位の者が「みこともち」で、最初にみことを発した神と同等になるので、「神に近い性格を得てふるまふ」と折口は説明します（折口, 1930b）。

　呪詞に戻りますと、人間がこれを発する場合にはいくつかの種類があります。寿詞、宣詞、祝詞、鎮護詞などが代表的です（折口, 1930b）。寿詞

は下位の者が上位の者を祝福する言葉です。具体的には、正月に各地方の代表者が都にやってきて、帝に祝福を述べます。つまり、自分とその地方の魂が宿った詞章を差し出すのです。すると、その魂が帝にくっつきます。それが服従の誓いになります。帝はそれに対して宣詞を発します。代表者にみこともちの資格を付与するわけです。次に、その代表者が地元に帰って祝言ないし鎮護詞を発します。帝と同じ資格をもって、一族郎党に命じて服従させます。

折口の呪詞論で興味深いのは、時代とともにそうした呪詞の用法に混乱が生じたという主張です（折口, 1930b）。つまり、上位の者が下位の者に寿詞を発したり、祝詞や鎮護詞がみことと同一視されたりするようになったのだ、と。折口はその例として「穴師の山の山人」をしばしば挙げます（折口, 1942）。穴師は奈良県桜井市にある土地の名で、近くに大神神社があります。万葉集の歌からわかるように、穴師川という清流は大神神社の参拝者の禊ぎの場で、それを取り仕切っていたのが穴師の人々でした（折口, 1942）。

山人は本来、山に棲む土地の精霊のような存在です。もともとは、海の彼方から川を遡って寄り来るまれびとの霊威あるみことを承って、神聖な海水の浄化力に与るとともに、関係者たちに鎮護詞を伝える立場でした。けれども、海彼の原郷が忘れられていくにつれて、遠来の神の呪言が禊ぎにおいて担っていた役割を、穴師の山人が鎮護詞でもって務めるようになった。折口はそう言っています（折口, 1942）。

このように、呪詞に宿る霊力と資格の付与というのも折口古代学のユニークな観点のひとつです。呪詞の種類や用法をめぐって、上古の時代の精緻な区別を解明する一方で、その区別に生じた根本的な混乱も指摘する、という逆説に満ちた折口の捉え方がわかります。しかも、そこにまれびとの立場ともどきの立場との相対性や互換性を見ているところが非常におもしろいと思います。こういうところにも、「似たもの」に対する折口の感覚の鋭敏さと繊細さが窺えます。

折口の発想③──叛逆と祝福

　折口古代学のキーワードとしては、もうひとつ、「叛逆と祝福」が挙げられます。最前も述べましたように、魂を差し出すときには寿詞を献（たてまつ）るわけですが、折口は、叛逆者が敗れた際に発する言葉としての寿詞にこそ高い価値があると主張します（折口, 1938）。この場合、文字どおり、魂を差し出すわけです。死の覚悟をともなう、まっすぐで浄（きよ）らかな気持ちによる祝福が寿詞の本質です。折口によれば、オホヤマモリの神話がその例で、オホヤマモリが溺水する直前に詠んだ歌がその種の寿詞です（折口, 1938）。

　応神天皇には３人の皇子がありました。オホヤマモリ（大山守）、オホサザキ（大雀）、ウヂノワキイラツコ（宇遅能和紀郎子）です。ウヂノワキイラツコが跡継ぎと定められていましたが、天皇が崩御するや、オホヤマモリは自分が天下を治めようと企て、邪魔なイラツコの殺害を計画します。オホサザキからその情報を得たイラツコは、本拠地の宇治川で策略を仕掛けます。川辺の山上の陣地に自分がいるように見せかけておいて、賤（いや）しい船頭に身をやつし、オホヤマモリが山上を攻めるために船に乗り込んだところで、その船を激しく操って沈めてしまいます。

　オホヤマモリは溺れ死ぬのですが、いまわの際に歌を詠みます。

<blockquote>ちはやぶる　宇治の渡りに　さをどりに猛（はや）けむ人し、我がもこに來む</blockquote>

　「ちはやぶる」は枕詞で、意味はありません。「さをどり」は、棹を操ること、船を操ること。宇治川の渡しに勇ましい棹取りのできる人がいるわけです。「もこ」は婿の古語で、仲間・味方の意に解されることが多く、「宇治川の渡しにいる、勇ましく棹を操る人よ、俺の味方に来てくれ」などと現代語訳をするのがふつうでしょうか。

　一方、折口はこの歌を、降伏する者が死を前にして献った寿詞と考え、こう説明します（折口, 1938）。「『人の及ばぬ激しい技術を示す者、あの者こそわが屋の婿として来てほしい』と言ふ、婿入りを迎へる歌として用ゐられてゐたものが、攙入（ざんにゅう）した訳であらう」。昔の婿入りにおいては、おまえのだいじなものを差し出せと婚家の親に強く迫る、荒っぽい習俗があり

ました。そうした慣わしを背景に、死にゆくオホヤマモリは、服従を迫るイラツコに対して、すばらしいあなたに私の魂を差し上げますからもらってほしいと歌ったというのです。

折口によれば、これは、ヲウス（小碓）に敗れたクマソタケル（熊襲猛）が自分の名前を献って祝福した気持ちに通ずるものです（折口, 1938）。景行天皇は粗暴な皇子ヲウスをもてあまし、西の国の服ろわぬ者クマソタケルの討伐を命じました。ヲウスは少女に変装して新室の宴に潜り込み、敵を征圧します。クマソタケルはとどめを刺される直前に猶予を乞い、ヤマトヲグナ（倭男具那）と名乗る相手に自分の名前「タケル」を献ります。それ以後、ヤマトヲグナ（ヲウス）はヤマトタケル（倭猛）となります。

類似の展開はカニバリズムにも見られます。カニバリズムは部族間の争いなどにまつわる食人の風習です。激しく闘った敵の勇敢さを讃え、その尊敬すべきスピリットをわが身に同化するために行われます。ユングは、カトリック教会のミサもカニバリズムと近縁だと言います（Jung, 1954/1989）。なにしろ、キリストの聖体（パン）を食べる儀式ですから。折口は、激しく叛逆した者が倒され、自分の魂のこもったものでもって相手を祝福する、という元型的な心の動きをたしかに捉えていたのでした。

ここには、まれびとの命令に精霊が抵抗する姿が重なって見えますし、宣詞に対する寿詞の位置づけも思い出されます。この元型的な心の動きには、魂の同化によって「似たもの」に変容するという発想が共通して含まれています。もっとも、カニバリズムでは勝者の側が敗者の魂を取り込もうとするのに対して、折口の唱える「叛逆と祝福」の図式では敗者がすすんで魂を献るという若干のちがいがあります。

小さなちがいなのですが、私にはちょっと気になります。なにか、ただ単に「叛逆と祝福」というだけでは説明しきれない、もっと深い思いが含まれていそうな感じがするからです。それはどんな思いか。ヒントになるのは「靈争い」という観念かもしれません。折口は言います。「結婚の遂行は條件として、戦争と同じく『靈争ひ』を要した古代には、名のり・喚ばひにすら、憤りを鎮めるうたが行はれた」（折口, 1929b）。

折口はこうも述べます。「戦争も求婚も、元は一つの方法を採った。魂

の征服が遂げられれば、女も従い、敵も降伏する。名のりがその方式である。呪言を唱えかけて争うた」（折口, 1929b）。これらの文言から、折口にとって争闘と恋愛とは近縁のものだったことがわかります。となると、オホヤマモリやヤマトヲグナの神話は恋愛の観点から見ることもできるのでしょうか。折口の恋愛観や恋愛経験を見ておく必要が出てきました。

恋をめぐって

ところが、そこのところには謎がたくさんあるのです。折口が恋愛感情を抱いた相手としてよく名前が挙がるのは、辰馬桂二、藤無染、伊勢清志、藤井春洋、加藤守雄という５人の男性です。以下、順に見ていきますが、最初の辰馬桂二は、折口の中学時代の片思いの相手で、さほど深い関わりはなかったと思われますので、ここでは割愛します。

次の藤無染は浄土真宗の僧侶で、折口より９歳ほど年上。仏教の改革運動に携わっていた人です。詩人・作家の富岡多恵子の研究によれば、折口は中学時代の後半に無染と出会いました（富岡, 2000）。経緯はよくわかっていません。折口は国学院の予科に入るや、無染の下宿に居候します。暮らしや旅をともにしながら修養に励んでいたようです。富岡説に従うなら、折口の歌のなかには無染との恋を詠んだと考えられるものが多数あります。

この恋は、折口がまだ学生だったときに突然の終焉を迎えます。無染が実家近くの寺の婿養子となり、その２年後の明治42年（1909年）に結核で亡くなったからです（富岡, 2000）。折口が大正３年（1914年）に28歳で新聞連載した小説「口ぶえ」（折口, 1914）には、主人公の少年の同性愛と自殺企図が描かれているのですが、無染との濃厚な恋愛体験を下敷きにしている可能性があるといいます（富岡, 2000）。折口自身、大正２年（1913年）９月26日付けの友人宛て書簡に「口ぶえといふ自叙傳風のもの」を書いたと記しています（『折口信夫全集第卅一巻』）。

その次の恋の相手は伊勢清志です。折口は大学卒業後、大阪府立今宮中学校の教師になりました。清志はそのときの生徒で、ともに熊野や志摩を旅するなどしています。まもなく清志は卒業を迎えるのですが、折口はそれに合わせるかのように突然辞職して上京しました。清志を含む多数の卒

業生も予備校通いなどを理由に東京に出てきて、折口の下宿に同居。深夜まで宗教哲学に打ち込んだようです。折口は大正4年（1915年）4月21日の日記に「新しい恋に逢著した、それは生徒に対してであった」と記しています（『折口信夫全集第卅一巻』、原文は「恋」「生徒」がハングル表記）。

　清志は翌年、鹿児島の高等学校に入学します。折口はよろこんで送り出しましたが、数年後、教え子がかの地で女にうつつを抜かしていると聞き、二度も諫めに出かけます。結局、清志は行方をくらましてしまうのですが、歌集『海やまのあひだ』（折口, 1925）には「蒜の葉」「鹿児島」など大正8年（1919年、33歳）当時の連作があります。そもそも、歌集の冒頭には、「この集を、まづ與へむと思ふ子あるに」という題詞とともに清志のことを詠んだ大正14年（1925年）の歌が置かれています。

　　かの子らや　われに知られぬ妻とりて、生きのひそけさに　わびつゝ
　　をゐむ

　さて、次は順番でいくと藤井春洋との恋になるのですが、話の都合で加藤守雄をさきに取り上げます。守雄は折口が国学院大学で教えていた弟子です。昭和18年（1943年）から同19年（1944年）にかけて、それまで同居していた藤井春洋が出征することになり、ピンチヒッターとして当時57〜58歳だった折口の身の回りの世話をすることになります。折口が亡くなって14年ほど経った昭和42年に『わが師 折口信夫』を出版します（加藤, 1967）。折口から性的関係を迫られるくだりが世の中に大きな衝撃を与えました。

　守雄はそのつど強い嫌悪を感じて拒みます。それでも敬愛する師からは離れ難い。自死しそうにもなりながら、ようやく縁を切りました。この本には、折口が師弟愛について語ったという印象的な言葉が記されています。「師弟というものは、そこまでゆかないと、完全ではないのだ。単に師匠の学説をうけつぐと言うのでは、功利的なことになってしまう」。「そこまで」とは同性愛的な関係の謂いです。「同性愛を変態だと世間では言うけれど、そんなことはない。男女の間の愛情よりも、純粋だと思う。変態と

考えるのは、常識論にすぎない」とも述べたそうです（加藤, 1967）。

最後に藤井春洋です。春洋は、折口より20歳若い国学院大学の教え子で、能登国一宮である氣多大社の神宮寺寺家の血筋の者でした。折口は春洋の実家を何度も訪れて、能登の海とタブノキの杜にふれ、太古の昔に南方からやってきた祖をありありと感じ取ったといいます。春洋は、大学を卒業した昭和3年（1928年）に現在の品川区で42歳の折口と同居をはじめ、長年にわたり師のもとで学びながら身辺の世話をします（写真5）。

春洋は国学院の教員でしたが、陸軍士官でもあり、敗色濃厚な昭和19年（1944年）に硫黄島の戦線に赴くことになります。出立前に一晩だけ帰ってきた春洋のことを回想した折口の歌は深く胸を打ちます（第6歌集『倭をぐな』（折口, 1955）所収）。

写真5　折口信夫と藤井春洋（國學院大學折口博士記念古代研究所, 2019より）

　　　かたくなに　子を愛で痴れて、みどり子の如くするなり。歩兵士官を

春洋は、硫黄島への着任とほぼ同じ時期に当時58歳の折口の養嗣子として正式に入籍されましたが、翌年の玉砕で戦死してしまいます。

折口は、幼少期から親への不信感があったためか、「私の持ってゐた執意、静かに此母からあとを消す為に家に後あらせぬ以外にない……」と考えており（折口, 1948）、第2詩集『近代悲傷集』所収の詩「きずつけずあれ」にも「わが為は　墓もつくらじ」と記す（折口, 1952）など、自分の血筋や家の痕跡を残さないつもりだったようですが、最晩年に最愛の養嗣

子との父子墓を能登の羽咋に建て、そこに眠っています。墓碑銘には「もっとも苦しき／たゝかひに／最くるしみ／死にたる／むかしの陸軍中尉／折口春洋／ならびにその／父信夫／の墓」と刻んであります。

　以上のように、折口の恋愛にはさまざまな要素が複雑に入り混じっています。思春期、同性愛、師弟関係、義父子関係……。これらの要素は折口古代学とどのようにつながっているのでしょうか。そこにはいかなる元型的な意義があるのでしょうか。

ホメオパス──トランス系心理学

　難しい試みではありますが、このあたりでもう少し積極的にユング心理学の光を当ててみようと思います。それによって見えてくるものには、性別を超えたエロスという含みもありますので、仮に「トランス系心理学」と呼んでおきます。

　まず、ヒルマン（James Hillman）が提唱する union of sames という概念に注目します（Hillman, 2021）。同じもの同士でひとつになるという意味です。具体的にはセネックス（senex）とプエル（puer）、つまり従来は別々のものと考えられていた老人元型と若者元型がじつは共通点のあるひとつの元型で、1枚のコインの表と裏だから切り離してはいけない、くっついていることがだいじだというのです。そこにおいて魂の再発見や超時間性の回復などが起こります。

　ヒルマンによれば、セネックスとプエルは師弟関係に布置されることがあります（Hillman, 2021）。たしかに、古代ギリシアの時代から師弟間の同性愛的なつながりは広く認められていました。弟子は師匠と「同じもの」ないしは「似たもの」になり、学識や技芸を超時間的に引き継ぎます。そこには、折口が「そこまでゆかないと、完全ではない」と語った師弟愛観（加藤, 1967）に通ずるものが感じられます。

　ところで、「師弟」にはイニシエーターとイニシエートという側面もあります。さきほどのヤマトタケルの神話は、ヤマトヲグナが一人前の男性に変容したと考えられることから、イニシエーションの物語と解されます。師にあたるイニシエーターは、叛逆者クマソタケルです。弟子のヤマトヲ

グナは試練を克服し、師による祝福の証として魂のこもった名前を引き継ぎました。どうやら、「叛逆と祝福」という元型的モチーフには同性愛とのつながりがあるようです。

　くわえて、「ホメオパシーの原理」も同性愛に関係があるとヒルマンは示唆します（Hillman, 2021）。ホメオパシー（類似療法・同種療法homeopathy, homoeopathy）とは、「似たものが似たものを癒す」という経験則（類似の法則）にもとづく治療法です。一般的な医療の原理は「異なるものが異なるものを癒す」というアロパシー（逆症療法・異種療法allopathy）で、病因となっている物質があるなら、その作用を反対の性質を持つ物質で打ち消そうとします。一方、ホメオパシーでは原因物質を極限まで稀釈してあえて摂取させ、合目的的な側面もある病気のプロセスをより安全に促進して成就させます（Hahnemann, 1921/2007）。

　また別のユング派分析家で、ロペス－ペドラーサ（Rafael Lopez-Pedraza）という人がいます。彼によると、アポロンやヘルメスの神話にも同性愛の基盤が見出されます（Lopez-Pedraza, 1989）。アポロンは父親であるゼウスへの怒りから配下の巨人を殺したため、叛逆への贖罪を命じられ、アドメトスという人間の王のもとで8年間下僕として家畜番をします。アポロンは王に忠誠を尽くし、その間の厚情に感謝して庇護を約束し、王の生命をも救います。神話学者ケレーニイ（Karl Kerenyi）によれば、こうしたエピソードは「ふたりは恋によって互いに結ばれた」というふうに伝えられました（Kerenyi, 1951/1985）。

　ヘルメスのほうも似た話です。ヘルメスも罪滅ぼしのためにドリュオプスという王のもとで羊を世話していたのですが、王の娘に恋をし、牧神パンが生まれました。母親は息子の奇怪な姿に驚いて逃げ出しますが、パンはゼウスをはじめとするオリュンポスの神々に祝福されました。この話では同性愛的な側面が不明瞭です。しかし、ドリュオプスの娘はアポロンの物語にも一時的に登場していて、アポロンの息子を産みます。彼女はそれを隠し続けました。そういったいくつかの類似の要素があることから、このアポロンの物語とヘルメスの物語は同根と考えられています（Kerenyi, 1951/1985）。

さて、ロペス−ペドラーサが同性愛的なあり方をめぐって挙げているこれらの物語には、折口の関心をひいてやまなかったオホヤマモリの神話と重なる部分があるようです。オホヤマモリは皇嗣ウヂノワキイラツコに敗れて溺死する直前、折口が寿詞（よごと）と解する歌を詠むわけですが、そこには「叛逆と祝福」のモチーフが見て取れますし、アドメトスとアポロン、ドリュオプスとヘルメスに類似する舅と婿の関係も含まれています。それはセネックスとプエルの布置と見ることもできるでしょう。

舅と婿という関係は、申すまでもなく、娘が介在します。ひるがえって考えてみますと、ヤマトヲグナは、当初、若い女を装って新室（にひむろ）の宴に潜り込み、その後、皇子としての正体を明かすわけですが、この女ヲグナも舅と婿の関係を成り立たせる娘に似た役割を果たしたと言ってよいかもしれません。なお、古来、新室の祝いにはまれびとが遠方から来訪することになっており（折口, 1929b）、そうなれば、土地の精霊、この場合はクマソタケルとの争闘に発展するのも当然のことです。

以上のようなかたちで、「似たもの」を布置させたり、みずからが「似たもの」となって登場したりして、膠着した状況に変化を引き起こす。その結果、癒しや救いが、またときには破滅がもたらされる……。私は、トランス系心理学の基盤に、そういった元型的なものの働きが見て取れるのではないかと思っています。ここではそれをホメオパス（homeopath, homoeopath）と呼んでおきます（老松, 2024）。ホメオパスとはホメオパシーを施す者。つまり、類似療法家ないし同種療法家を意味する言葉です。ヒルマンの言う「同じものの合一」（Hillman, 2021）を、叛逆や争闘のなかで「似たもの」を現出させる動的プロセスという角度から捉え直した概念と考えてもよいかもしれません。

スサノヲと「似たもの」

さて、トランス系心理学と折口古代学のつながりをめぐって、私たちはオホヤマモリの神話に行き当たったのですが、もう少し細部を見てみましょう。示唆を与えてくれるのは、折口にとって特別な神、スサノヲ（須佐之男）です。戦前の折口はスサノヲにまれびとの原像を見ていました（折

口, 1929b）。一方、戦後は、詩集『近代悲傷集』（折口, 1952）に見られるように、スサノヲに激しく同一化します。そこに描き出されるスサノヲは、もはや戦前に見られた三人称の神ではなく、一人称ともいうべき存在です。

折口は、この世に傷だらけで産み落とされて「哭きいさちる」（古事記）スサノヲになっています。もはや例を引く余裕がなくて残念ですが、興味深いのは、そこでの折口の詩想が、自分を見捨てた母への憤怒や絶望にとどまってしまわず、慈しみ救う力をも併せ持つ元型的な母に対する希求へと移行していくことです。また、個人的な生い立ちにまつわる恨みにまみれていたのが、生の本質、神との関係、人の道といった命題をめぐって普遍的な意義を持つようになることです。

一人称のスサノヲにはたしかに変容がありました。世界のすべての罪を背負ってさすらうとされるスサノヲに同一化した折口は、戦後の国民の贖罪と救済をも引き受けていたようです。ことほどさように、折口にとってのスサノヲは、その怒りと宗教性という特徴をめぐっては発達系の神であり、見捨てられに対する恨みや絶望という特徴をめぐっては人格系の神だったのです。

しかし、それだけではありません。じつは、トランス系の神としてのスサノヲという位置づけも非常に重要だったのではないかと私は思うのです。晩年のスサノヲは、幼年期から壮年期に見せていたのとは異なる、トランス系と呼びうる姿を見せています。そのようなスサノヲはオホクニヌシ（大国主）の神話に登場します。

古事記の記述を見てみましょう。まだオホナムヂ（大穴牟遅）という名前だった頃のオホクニヌシはどうしようもなくひ弱で、くりかえし殺され、根の国を主宰するスサノヲのもとに到ります。スサノヲの娘スセリビメ（須勢理毘売）と懇ろになったオホナムヂは、こっそり助けてもらい、スサノヲから課された苛酷な試練を次々にクリアしていきました。ついには、わずかに油断したスサノヲから娘と神宝を奪って逃走します。

油断というのは、その直前にスサノヲが従順なオホナムヂを「愛しく思う」ところです。それで居眠りをした隙に逃げられてしまうわけです。激しく追いかけるスサノヲですが、顕世と幽世の境界である黄泉平坂のとこ

ろで諦め、自分を出し抜くほど逞しくなったオホナムヂに向かって「その神宝で地上の敵を打ち倒してオホクニヌシとなり、わが娘を正妻として暮らせ」と叫ぶのです。この展開は、土地の精霊としてのスサノヲがまれびとたるオホナムヂに寿詞を献る、貴い名前を与えて魂を献る、という構図です。

　スサノヲとオホクニヌシは師（イニシエーター）と弟子（イニシエート）の関係であり、舅と婿の関係でもあります。両者のやりとりは、もどきを行って抗う精霊がまれびとに敗れて霊的に祝福する物語になっていて、クマソタケルとヤマトタケル、オホヤマモリとウヂノワキイラツコのそれを思い出させます。アポロンやヘルメスの神話とも重なります。そこにホメオパス元型の布置が感じられますし、それがときに同性愛的な関係性、「似たもの」同士のつながりという表現形をとったとしても不思議はありません。

　折口は、人格系と発達系、さらにはトランス系という、自分自身に備わっていたあらゆる側面を最も包括的かつ的確に映し出している像として、スサノヲという神格を生涯追究したのではないでしょうか。私は折口の俤の背後に見え隠れする何かそういった捉えがたいものに惹かれ、気がつくと、その相貌を一目なりとも見てみたいと憧れ続けて何十年を過ごしてきたのでした。

　もう時間が尽きましたので、まとめとして、もうひとつ折口の歌を紹介させてください。これは、死後、手帳に記してあるのが発見された、いわば絶筆です（折口, 1955）。

　　　人間を深く愛する神ありて　もしもの言はゞ、われの如けむ

　この三十一文字に込められている思い。胸中に深く響くものが感じられます。今日お話ししたことはすべてここに含まれています。折口信夫の人と仕事は、ユングの見出した元型という観点から人の心に寄り添おうとする者に対して多くの示唆を与えてくれます。

　ご清聴ありがとうございました。

付記：本稿は、2024年3月3日に京都リサーチパークおよびオンラインのハイブリッ
ド形式で行われた2023年度第11回日本ユング心理学研究所研修会の全体講演を
まとめたものである。演者所属も当時のものとなっている。

文　献

芳賀日出男（2009）．折口信夫と古代を旅ゆく　慶應義塾大学出版会

Hahnemann, S. (1921). *Organon der Heilkunst*, Standardausgabe der 6. Auflage. Stuttgart: Karl F. Haug, 2002.（由井寅子（日本語版監修）澤元亙（訳）（2007）．改訂版 医術のオルガノン 第6版　ホメオパシー出版）

Hillman, J. (2021). *Senex & Puer*, 3rd Revised Edition. Putnam, CT: Spring Publications.

池田彌三郎（1972）．私説 折口信夫　中公新書

Jung, C. G. (1954). Das Wandlungssymbol in der Messe. *GW* 11. Olten: Walter Verlag, 1963.（村本詔司（訳）（1989）．ミサにおける転換象徴　心理学と宗教　人文書院）

加藤守雄（1967）．わが師 折口信夫　文藝春秋

Kerenyi, C. (1951). *The Gods of the Greeks*. London: Thames & Hudson.（植田兼義（訳）（1985）．ギリシアの神話 神々の時代　中公文庫）

國學院大學折口博士記念古代研究所（監修）岡野弘彦（編）（2019）．精選 折口信夫 VI アルバム　慶應義塾大学出版会

Lopez-Pedraza, R. (1989). *Hermes and His Children*. Switzerland: Daimon Verlag.

中村浩（1972）．若き折口信夫　中央公論社

老松克博（2014）．人格系と発達系──〈対話〉の深層心理学　講談社選書メチエ

老松克博（2024）．「似たもの」としての意識と無意識　ユング心理学研究, 16, 75-84.

岡野弘彦（2000）．折口信夫伝──その思想と学問　中央公論新社

岡野弘彦（2017）．折口信夫の晩年　慶應義塾大学出版会

折口信夫（1914）．口ぶえ　折口信夫全集第廿四巻　中公文庫, 1975

折口信夫（1925）．海やまのあひだ　折口信夫全集第廿一巻　中公文庫, 1975

折口信夫（1929a）．萬葉集の解題　古代研究（國文學篇）折口信夫全集第一巻　中公文庫, 1975

折口信夫（1929b）．國文学の發生（第四稿）　古代研究（國文學篇）折口信夫全集第一巻　中公文庫, 1975

折口信夫（1930a）．翁の發生　古代研究（民俗學篇1）折口信夫全集第二巻　中公文庫, 1975

折口信夫（1930b）．咒詞および祝詞　古代研究（民俗學篇2）折口信夫全集第三巻中公文庫, 1975

折口信夫（1938）．壽詞をたてまつる心々　折口信夫全集第廿九巻　中公文庫, 1976

折口信夫（1942）．禊ぎと祓へと　折口信夫全集第廿九巻　中公文庫, 1976

折口信夫（1948）．わが子・我が母　折口信夫全集第廿八巻　中公文庫, 1976

折口信夫（1952）．近代悲傷集　折口信夫全集第廿三巻　中公文庫, 1975

折口信夫（1955）．倭をぐな　折口信夫全集第廿二巻　中公文庫, 1975

富岡多惠子（2000）．釋迢空ノート　岩波書店

鶴見俊輔（2000）．太夫才蔵伝──漫才をつらぬくもの　平凡社ライブラリー

柳田國男（1954）．和歌の未来といふことなど　短歌 創刊號　角川書店　pp.23-26.

老松克博（おいまつ・かつひろ）
1959年生まれ。鳥取大学医学部医学科卒業。博士（医学）。ユング派分析家、臨床心理士、公認心理師。現在、大阪大学名誉教授、おきなラボ代表。専攻は臨床心理学、精神医学。著書に『法力とは何か』『夢の臨床的ポテンシャル』『心と身体のあいだ』『人格系と発達系』『アクティヴ・イマジネーションの理論と実践（シリーズ）』（いずれも単著）、訳書に『ヴィジョン・セミナー』（監訳）『クンダリニー・ヨーガの心理学』『ゾシモスのヴィジョン』などがある。

論　文

研究論文

二つの「さんせう太夫」
説経節と森鷗外

森　文彦

神戸同人社

1　はじめに──本稿の目的と背景

(1)　本稿の目的──説経「さんせう太夫」と森鷗外の「山椒大夫」

　「さんせう太夫」は説経節の一つとして、中世からわが国に伝わる語り物である。また森鷗外（1862-1922）の小説「山椒大夫」（1915）は、説経「さんせう太夫」に材を取り、小説として書き直したものである。両者の基本的な筋立ては同じである。所領安堵を求め帝に会うため母と共に旅に出たつし王（小説では厨子王）と姉（安寿）が悪人に騙され、さんせう太夫の奴隷として売られる。姉が犠牲になり、弟は逃亡に成功する。やがてつし王は国司に出世し母親と再会する。

　基本の筋は同じであるが、二つの作品を読むと両者から受ける印象が非常に異なることに気づく。一口に言うと、説経節はかなり残酷であり、鷗外はかなりマイルドである。ここでいくつかの疑問が湧く。「さんせう太夫」はそもそも何を描いた物語なのか。鷗外は何を目的にそれを書き直したのか。本稿ではこれらについてユング心理学の視点から考える。

(2) 説経節と本地物

　説経節は回国する下級の僧侶たちが寺社の境内や街頭で経を説き、寺社の由来を語ったことが始まりとされている。この人たちはささらを伴奏に使ったので「ささら乞食」と呼ばれた（室木, 1970, p.237）。説経節はまさに最下層の人々が担い手となって成立し発展した民衆芸能であった。語り手が聴き手のこころを惹きつけるには、民衆の基本的な欲求に訴える必要があった。その努力を通じて、説経節は民衆のこころの基底にある普遍的・元型的な物語を語ることになった。

　やがて本地物と呼ばれるジャンルが成立した。本地物は本地垂迹説を背景にし、「主人公は神仏の申し子として誕生し、人間界において人間が現実に受けている憂悲苦悩と同じものを身に受けるが、神仏の加護により救済され、やがて神仏に転生する」物語である（中村他, 1989）。聴衆は、自分と同じ凡夫である主人公がこの世の汚辱にまみれ非常な苦労を重ね、最後には救済され神仏として祀られることに感動したのである。「さんせう太夫」では姉がつし王に譲ったお守りの地蔵菩薩が最後には丹後の金焼地蔵菩薩として祀られるようになる。したがって「さんせう太夫」も広義の本地物の一つと考えられる。

2　ウロボロス的父性

　説経「さんせう太夫」は恐ろしい父親からの分離と克服の物語として読むことができる。この恐ろしい父親を河合（1982）は「ウロボロス的父性」と呼んでいる（p.132）。Neumann（1954/1984）によれば「ウロボロスとは始源あるいは原初のもつ完全性と全体性のシンボルであるが、このシンボルは多様な意味を持ち、規定されず、規定しえないものであることが最大の特徴である」（上巻 p.36）。その始原性からウロボロスは原初的な

母親（太母）のイメージが強いが、むしろこれは父母さえ分離する以前の「原初的親」なのである。物語の冒頭、つし王は、燕の親子を見て初めて自分に父親がいたことを知る。「**姉やそれがしは、父といふ字がござない ぞ……**」（室木, 1977, p.82）。父という字がない。父と母は未分化であった。逆に言えば、ウロボロスには父性的側面も潜在的に、あるいは可能性として含まれている。これがウロボロス的父性である。Neumann によればウロボロス的父性は「時間の中での生成の開始」（上巻 p.54）をもたらす。それは世界の生成の始まりであり、意識がウロボロスから分離し生まれいで、世界の中に存在する自分を発見する出発点である。この分離を経て意識は「世界の中へ、そして世界を支配している対立原理との対決の中に入っていく」（上巻 p.76）。これは、親の保護から切り離され、対立と危険に満ちた世界の中へ投げ出されるという恐怖に満ちた体験である。子どもにとってウロボロスとの一体化からの分離は、一種の死の体験とさえいえよう。河合（1982）は「さんせう太夫」には「子どもを理不尽に迫害して死に至らしめようとするウロボロス的父親と、姉弟との相克が描かれている」「さんせう太夫はウロボロス的父性の顕現そのもので、その否定的側面をあますところなく見せつける」（p.132）と述べている。ウロボロス的父性の否定的側面が「さんせう太夫」および息子の「三郎」として人格化され、強調されている。

　しかし、ウロボロス的父性は否定的な側面だけではない。夏目漱石の「夢十夜」（1908）には、つし王とよく似た境遇、つまり父が不在で母と二人暮らしの 3 歳の男の子が登場する。この子どもは「御父様は何日御帰り」と聞かれて「あっち」と答え、「お父様は何処」には「今に」と答える（第 9 夜）。混沌とした未分化な世界に、世界は時間と空間で記述されるというロゴスをもたらすことは、ウロボロス的父性の働きの一つである。

　「さんせう太夫」ではウロボロス的父性の肯定的側面は、一つには親切にしてくれた「二郎」に表現されているし、物語後半では、つし王を助けてくれる多くの父性的な人物が登場する。実際、無意識の内容はすべて光と闇の両面を持っているのであり、何が否定的で、何が肯定的であるかの区別は時に困難である。さんせう太夫は確かにつし王と姉を殺そうとする

恐ろしい父親であるが、Neumann（1954/1984）がウロボロスは「発達に新しい方向を与える肯定的なシンボル」（上巻 p.78）であると述べているように、彼がいたからこそ、つし王は個性化過程に旅立つことができたといえよう。

つし王はさんせう太夫との闘いを通じて子どもから大人になっていく。「さんせう太夫」は青年が大人になるために通過しなければならない試練、通過儀礼を描いた物語である。この視点から読むとき、リミナリティ、コムニタスなど、人類学で提案されているいくつかの概念が説経節の物語の理解に有用であることに気づく。本稿ではこれらの点も検討する。

なお波多江（2019）は鷗外の「山椒大夫」を厨子王の外傷的経験からの回復の物語として読んでいる。上記のように、つし王のさんせう太夫との出会いを、彼が大人になるために必要とした外傷的経験と捉えると、本稿の視点とも交差すると考えられる。

3　説経「さんせう太夫」を読む

(1)　「さんせう太夫」のあらすじ——旅立ち、奴隷小屋、つし王の脱出

「さんせう太夫」の前半、姉の死とつし王の脱出行までを要約する：

岩城の判官正氏という奥州を本拠とした将軍がいた。彼は強情なため帝の不興を被り、大宰府に流され、奥方と二人の子どもは田舎に蟄居していた。弟のつし王はあまりに幼くして正氏に別れたため、自分に父がいたことも知らなかったが、あるとき父が筑紫安楽寺にいることを知る。つし王、姉、母御台に乳母を加えた 4 人は帝に所領を安堵してもらおうと、京への旅に出る。しかし、一行は人買いに騙される。御台と乳母を乗せた船は蝦夷に向かうが、乳母は海に身を投げ、母は農家に売られる。別の舟に乗せられた姉とつし王は丹後国由良のさんせう太夫に売られた。姉と弟は奴

隷小屋に入れられ、苛酷な労働を強制される。二人は慣れない仕事に難渋し、ノルマが果たせない。遂に逃亡を計画するが太夫に知られてしまう。太夫は罰として二人の顔に焼金を当てて印をつける。ある日彼らは揃って山へ労役にやらされる。姉が膚の守りとしていた地蔵菩薩を拝むと、二人の顔の焼金の痕は消えていた。やけどの傷は地蔵菩薩が身代わりになって引き受けていた。姉は地蔵菩薩をつし王に渡し、この機会に一人で逃げるように命じる。つし王は最初は拒否するが、姉の説得に負けて遂に逃亡する。姉は三郎に責め殺される。

　つし王は国分寺に逃げ込み、住職の聖に助けを求める。聖は彼を古い皮籠の中に隠し、棟の垂木から吊り下げる。窮地を脱したつし王を聖は籠ごと背負って都へ連れてゆき、京の入り口、朱雀権現堂につし王を置く。つし王は足腰が立たなくなっており、歩けない。しかし、都童子らが彼を土車に乗せて、摂津の天王寺まで送っていく。天王寺の石の鳥居に取りつくと、つし王は立つことができた。天王寺の阿闍梨がつし王を茶くみ童子として拾ってくれた。

　つし王は青年に課せられた試練に耐え抜き、その結果、天王寺で新しい生活を始めることができた。このように「さんせう太夫」はつし王の通過儀礼の物語として豊かな内容を含んでいる。ところで、人類学者ファン・ヘネップ（van Gennep, 1909/2012）は、通過儀礼は分離期、過渡期、統合期で構成されるとしている（p.22）。この段階説は、同じ通過儀礼を描く日本の語り物にどのように見て取ることができるであろうか。

---

(2)　分離期と試練

　旅に出た家族は人買いに騙され、家族は {母御台、乳母} {姉、つし王} の二組に分けられ、それぞれ別の舟に乗せられてしまう。子どもは母からの分離を経験しなければならない。人買いから姉弟を買い受けるさんせう太夫は、全体的に非常に否定的に描かれているが、子どもが必然的に経験しなければならない母からの分離を引き起こす善悪を超えた自然的、必然的な力の象徴であるともいえる。

母からの分離の後、つし王に与えられた試練はさんせう太夫のもとでの奴隷労働であった。さんせう太夫には5人の息子がいた。物語に登場するのは主として二郎と三郎の二人である。二郎は姉弟に親切であったが、三郎は父親と同様に、非常に残酷で悪意ある男であった。さんせう太夫に5人の息子がいたことは、ウロボロス的父性の中に光の面と闇の面を含めて父性の様々な側面が、潜在的に含まれていることを表現していると考えられよう。

このとき、つし王の周りには二人の女性がいる。一人は姉であり、他は先輩奴隷の伊勢小萩である。小萩とつし王の間の恋愛感情は描かれていないが、最終的に彼は小萩を任地に帯同するのであり、二人の結婚が示唆されているといえる。つまり、つし王の内的女性像（アニマ）は、母代わりとなり彼を指導する姉と、ロマン的アニマの萌芽ともいうべき伊勢小萩の二者に分かれたのである。姉は弟つし王を逃避行へ送り出したことでその役割を終え、非常に残酷な手段で殺される。さんせう太夫からの分離の完成には、太夫の処刑つまり父殺しが必要であった。それを聴衆に納得させるには姉の死が必要であったと考えられる（河合, 1982, p.133）。

つし王は母御台と乳母という二人の母性的存在から既に切り離されていた。いま、奴隷小屋からの逃亡に向かって彼の背中を押して姉が自らを犠牲とした。つし王の過渡期が開始される。小萩は残していかねばならない。彼女との関係の成熟、つまり結婚は通過儀礼の試練を乗り越えたとき、初めて現実となる課題であった。

(3) 過渡期——吊り下げられる主人公

つし王には追手がかかる。彼は国分寺のお聖様に助けを求める。聖は彼を皮籠の中に隠し、棟の垂木から吊り下げる。追ってきた三郎は寺の中を探すが、つし王は見つからない。三郎は天井からつり下がった皮籠を怪しみ、むりやり開けさせる。つし王絶体絶命の場面であるが、姉から膚の守りとして渡されていた地蔵菩薩が金色の光を放って三郎の眼を眩ませる。

姉はつし王にとって非常に大切な内的女性像（アニマ）である。アニマ

二つの「さんせう太夫」 107

の原義はたましいである。姉の死は、たましいの死であった。つし王は象
徴的に再生の経験を必要とした。皮籠は獣の皮を張った、蓋つきの容器で
ある。一般に容器には女性、さらにいえば子宮のイメージがある。その中
に隠れたつし王は、真っ暗な子宮の中で誕生を待つ胎児さながらの状態で
ある。彼は胎児の状態に戻り、第二の誕生を経験するのである。地蔵菩薩
の放つ光は、新しいつし王の誕生あるいは新しい意識の誕生を意味するで
あろう。天岩戸神話が連想されるし、獣の皮に注目するならば、動物的な
力強い生命力を得た再生が表現されていると考えられる。どのような変容
であれ再生であれ、女性だけの力では達成されない。そこには聖という男
性の働きが必要である。さらに言うならば、逆説的であるが、さんせう太
夫というウロボロス的父性が必要であった。

⑷ 「さんせう太夫」におけるリミナリティ

　人類学者のターナー（Turner, 1969/1996）は、過渡期という「境界にあ
る人間のありかた」をリミナリティ（liminality 境界性）と呼び、「リミナ
リティは、しばしば、死や子宮の中にいること……に喩えられる」と述べ
ている（pp.126-127）。棟木から吊り下げられた皮籠は、まさにつし王の
中間的状態（過渡期）を示している。説経「さんせう太夫」は、通過儀礼
の基本モデルに忠実に従った展開を示している。

　その後、国分寺の聖は皮籠に入ったままのつし王を背負い、都まで連れ
て行く。追手の目を避けるためにしても、丹後の由良から京までつし王を
背負って歩くのは大変なことである。物語の中で聖にこれをさせるのは、
何か心理的な理由、つまり通過儀礼としての意味があると考えられる。注
目すべきは、つし王が「背負われる」ことである。彼の足は地に触れない。
国分寺で吊り下げられた宙ぶらりんの状態、つまりリミナリティは続いて
いる。

　このような状態について van Gennep（1909/2012）は次のように述べて
いる：

人生の節を通る時のいろいろな儀式にはほとんど普遍的にみられる慣習

として、かつぎ上げ、ということがある。つまり、儀式の主人公は一定時間、足を地につけてはいけないのである。彼は腕に抱えられるか、籠にのるか、馬、牛、あるいは車に乗せられるかする。また動かしうるような、または固定された簀子にのせられたり、やぐらや高椅子、玉座などにのせられる場合もある。……この儀礼の主人公も、天と地の中間におかれているのである。(pp.235-236)

「儀式の主人公は一定時間、足を地につけてはいけない」ことは、国分寺で皮籠が吊り下げられていることに見られた。また他の例として、祇園祭のお稚児さんは、山鉾巡行が終わるまでは地に足をつけて歩いてはならないとされていることも挙げられよう。

つし王を背負った聖は、京の入り口、七条朱雀の権現堂まで来た。皮籠を開けると、つし王は足腰が弱って立てなくなっている。しかし聖は、歩けないつし王をそのままにして、丹後に帰って行く。聖はこの後のつし王を民衆による支援に委ねるのである。

---

(5) 統合期──土車送りとコムニタス

通過儀礼の次の段階は、無名の、無数の都童子たちによる土車送りとなる。朱雀村の人々がつし王を土車に乗せて天王寺まで引いてゆく。これは説経節「小栗判官」の場合と同じである（森, 2018）。

車を引く人々には、子どもも大人も、男も女も、僧侶もいれば遊女もいる。彼らは強制されて引くわけではない。引いても特に報酬があるわけではない。それが供養になるという共通の思いがあるだけである。土車を引く集団への出入りはあくまで自由である。特定のリーダーがいるわけでもない。つまり、ここでの社会的な構造は最小限度になっている。車を引く集団の「構造のなさ」は「通過儀礼の境界において存在する特別な人間関係の様式」（河合, 1989, p.338）であり、Turner（1969/1996）の言うコムニタス（communitas）にあたる。

これは過渡期の儀礼であると共に、統合儀礼であるともいえる。小栗判官もつし王も足腰が立たなくなっており、その点では徹底的な弱者である。

ここには「英雄は、一度は徹底的に弱い立場に落ちなければならない」という考え方がある。英雄は弱者としての在り方を体験しなければならないのである。ただし、最初から弱者あるいは敗者であってはならない。彼は雄々しく戦う英雄でなければならない。物語の発端において、つし王は所領安堵のため京に上り帝に会うという大冒険を自らの意志で開始した。その後の展開によって奴隷となったが、彼は英雄として登場したのである。

　悲劇的英雄として敵の奸計やその他の事情によって徹底的弱者になったのであれば救いの手が差し伸べられる。弱者の苦しみを学んだ英雄を人々が助け、最終的な変容へと導くのである。これは、通過儀礼の最終段階として対象者を社会に復帰させ再統合するさいに必要な儀礼であると考えられる。

　つし王は、今は病める人である。やがて目的地に着くと、そこで湯あみすることによって錬金術的変容を遂げ、英雄としての自己を回復する。また、この土車送りは能の「土車」などにも描かれており、中世の人々にとっては親しみのあるモチーフであったと思われる。

　分析心理学的に考えるとき、土車を引く人々はわれわれの心の中の人々である。夢やファンタジーの中で様々な人々の姿を借りて現れ、われわれに働きかける無数のコンプレックスである。われわれは無力な存在であり、無数の人々の助けによって運ばれていくことではじめて目的地に着ける。そういう心理的真実が土車送りによって表現されている。河合（1989）は心理臨床におけるリミナリティとコムニタス概念の重要性を指摘し、「クライエントのもってくる夢には多くの人が登場する。その人たちは、まさに心理療法場面というコムニタスをつくるために参加してくる人たちなのである」と述べている（p.342）。

⑹　つし王の再生と出世、復讐、母との再会

　土車に乗せられたつし王は、京からさらに摂津の天王寺まで引いてゆかれる。天王寺でつし王は鳥居に取りすがることによって立つことができるようになった。その後、つし王は阿闍梨に拾われ、稚児となり、ついで梅

津院という高官の養子となる。やがてつし王は帝に気に入られて、国司になる。

つし王によるさんせう太夫一族への復讐は凄まじい。息子三郎に太夫の首を鋸引きさせるのである。姉が火責め水責めによって殺されたことへの復讐である。説経節の語り手と聴き手が共有する「うらみ」ルサンチマンの表現である。

復讐を終えたつし王は、母と再会する。また、父が赦されて戻ってくる。彼は旧領のある陸奥に家族らと共に下っていく。特に母親との再会においては、彼女の盲目を癒した。暴力的な父性の支配のもとで視力（意識性）を失っていた母性が癒されたのである。

(7)　ウロボロス的父性の肯定的側面

つし王は彼を助けてくれる国分寺のお聖（住職）、天王寺の阿闍梨（高位の僧）、梅津院（大臣の一人）、さらには最高権威者である帝など、多くの援助者と出会う。つし王が帝の目通りにたどり着くまで援助者の身分が次第に上昇してゆく。土車送りする民衆は、聖という民間布教者と、阿闍梨という既存教団に所属する権威者との間を仲立ちするのである。

これらの肯定的な父性的人物像は、ウロボロス的な原初的混沌に対して、そこから生まれ出た意識性が働きかけ、潜在していた差異や対立を認識するとき、言い換えれば、意識がウロボロスと対決するときに動き始めるはたらき、あるいは原理であると考えられる。それは区別であり、分離であり、切断であり、ひとことで言えばロゴスであり、われわれが「父性」と言うときにイメージする性質である。しかもそれは、分離や切断といった「切る」はたらきだけではない。それは子どもに対して「肯定」「方向性」「社会化」などを提供する。

これらは、その源をウロボロス的父性の中に持っていると考えられる。これらの肯定的存在は、つし王がさんせう太夫と対決し、奴隷小屋から逃亡するという冒険に真正面から挑むことを契機として現れてきた。元型のイメージは、その元型の否定的側面にわれわれが正面から挑み対決すると

き変容し、肯定的側面を担ったイメージが生まれてくる。説経節には、元型との対決と変容という心理学的なテーマが描かれているといえよう。

⑻ 家族構成の前後比較

おとぎ話の解釈に関して von Franz（1970/1979）は「始めと終わりの人数に着目すること」を推奨している（p.50）。「さんせう大夫」は丹後の由良に結びつけられた伝説であり、おとぎ話ではない。しかし、いまあえて物語の最初と最後での主人公の家族構成に着目してみよう。最初はつし王、姉、母御台、乳母の４人である。つし王本人以外はすべて女性である。つし王の内的な父性は無意識の世界にあり、ウロボロス的父性としてつし王を呑み込んでいた。呑み込まれた彼の男性性は十分な発達を阻害されていた。

物語の結末時点ではつし王は国司になっており、一国一城の主である。正氏は赦され大宰府から戻っている。父性が形成され、意識の中に適正に位置づけられた。そして家長の座をつし王に譲ったのである。主人公は内的に男性として成長したのである。行方知れずであった母とも再会した。姉を失ったが、その代わり伊勢小萩がいる。

国司となったつし王は父正氏、母御台、小萩、さらにお聖を連れて領国に向かう。ここでの人数は彼を入れて５人である。最初の４人が５人に増えており、彼の内面の多様性と豊かさが増したことが表現されている。特にお聖が加わったことは、つし王の宗教性が豊かになったことを示すと同時に、つし王の中の父性が世俗性（父正氏）と宗教性（お聖）の二つの側面に分化し、洗練されたことを示している。男性３人と女性２人であり、彼の男性性が十分に開発され、同時に男性性と女性性、そして宗教性のバランスの良い構成となっている。

4　森鷗外の小説「山椒大夫」──和解と希望の物語

(1)　森鷗外と「さんせう大夫」

　自伝的小説「青年」（1910）で鷗外は、「純一が書こうと思っている物は、現今の流行とは少し方角を異にしている。なぜと云うに、その sujet は国の亡くなったお祖母あさんが話して聞せた伝説であるからである。……こん度は現代語で、現代人の微細な観察を書いて、そして古い伝説の味を傷けないようにして見せようと、純一は工夫しているのである」（「青年」二十四）と書いている。祖母が話してくれた物語は明示されていないが、鷗外は小説「山椒大夫」（1915）のあと、さらに子ども向けに書き直している。「山椒大夫」は鷗外が様々に「工夫」した重要な作品であった。

　「山椒大夫」は非常な好評で迎えられ、しばしば鷗外の代表作の一つとされる。しかし、岩崎（1973）は、鷗外が天王寺という場の持つ力を省いていることを例に挙げて、「これを捨象した鷗外の作品が、原典の精神とはいかに隔たった、似ても似つかぬものであるかがわかる」と批判している（p.34）。河合（1982）は「山椒大夫」の文学作品としての価値は認めつつ、「当時の中世の民衆の意識を知ろうとする上では、岩崎武夫が明確に指摘しているとおり、あまりにもマイルドなものとなっていて、不適切であると思われる」としている（p.131）。逆に言えば、鷗外による書き直しは、中世の民衆と明治以降の日本人のこころのあり方を比較するうえで興味ある資料となっているといえよう。同じ元型的な素材に基づいていても、出来上がった作品は時代精神や作家個人の背景によって様々に異なった姿を見せる。「山椒大夫」は、明治期の日本に押し寄せてきた近代化圧力に対する作家鷗外の公的および私的なレスポンスであったと考えられる。前者はかなり意識的な対応であり、後者はかなり無意識的な動機によって動かされていると思われる。以下、本稿ではこの視点から小説「山椒大夫」を読むことにしたい。

(2) 小説「山椒大夫」と説経「さんせう大夫」の相違点

　まず二つの作品の相違点を見ておこう。小説においても、安寿と厨子王が母と共に旅に出るが、人買いに騙され、母と別れ別れになり、子どもたち二人は山椒大夫に売られるという発端は同じである。その後の展開も、安寿が説得して厨子王を逃がすこと、安寿の死、厨子王の逃避行、都での出世譚、母親との再会という大筋は同じである。しかし、二つの物語には大きな違いがある。その一つは描写の残酷さである。説経節は語り物であり、語り手と聴き手の間で様々の形で共有された情念と衝動の解放にともなう陶酔が大きな役割を果たす。しかし、いくら暴虐な父子であっても、息子に父親の首を鋸引きさせるのは、われわれが内部に抱える復讐衝動のあまりに直接的な表現といえよう。鷗外は小説「山椒大夫」において、説経節の残酷すぎる点をそぎ落としたのである。

　最も顕著な違いは、山椒大夫への復讐が行われないことであろう。小説では「国守は最初の　政　として、丹後一国で人の売買を禁じた。そこで山椒大夫も　悉　く奴婢を解放して、給料を払うことにした。大夫が家では一時それを大きい損失のように思ったが、この時から農作も工匠の業も前に増して　盛　になって、一族はいよいよ富み栄えた」という。なんと復讐は消え、それどころか山椒大夫一族は「いよいよ富み栄えた」のである。復讐のテーマは奴隷解放の経済的メリットに置き換えられている。

　復讐の有無は二つの作品の間の基本的な相違点であり、ほかの変更の中には、復讐の否定との整合性を確保するための二次的変更と考えられるものが多い。安寿と厨子王の額は焼金で傷つけられるが、それは二人の夢の中の出来事となっている。説経節では姉は残虐な方法で殺されるが、小説では安寿は自ら入水する。それも、彼女の履が沼の傍で見つかることによって入水が示唆されるにとどまる。つし王が皮籠に入れられて吊り下げられ、地蔵が光を発するという象徴性に富んだエピソードは消えている。住職と厨子王は京まで歩いてゆく。その後の土車送りのモチーフは完全に省略されている。結果として「宙ぶらりん状態」による過渡期や「人々の助力」による統合期のイメージは見られなくなっている。さらに小説「山椒

大夫」では、父正氏は既に配流の地で死んでいる。父的存在（正氏と山椒大夫）との対決は描かれない。むしろ描かれるのは、厨子王と山椒大夫との和解なのである。

　岩崎（1973）が指摘するように、天王寺という場の力は小説からは消えている。そもそも厨子王は天王寺には行かない。しかし、これらの変更を理由に、「鷗外の作品は原典の精神と似ても似つかぬもの」と批判することには、多少の留保が可能と思われる。小説では厨子王は清水寺に行き、関白師実に見いだされる。これは、そのような出会いを引き起こす清水寺という場の力を示しているのであって、鷗外は聖なる土地の存在自体を否定してはいない。

(3)　自力救済の禁止と小説「山椒大夫」

　鷗外は単に残酷な描写を嫌っただけであろうか。しかし、他の作品、例えば「堺事件」（1914）での武士たちの無意味な切腹、「高瀬舟」（1916）で主人公が弟の死を介添えする場面などはかなり残酷である。封建制度の下で時代と体制にすり潰されてゆく人々の悲劇を描くとき、鷗外は残酷な描写を躊躇わなかった。血腥い処刑を回避するにしても、例えば一族を追放するなど何らかの処罰はできたはずであるから、「山椒大夫」で復讐が行われないという基本的な変更には別の説明が必要であろう。

　「山椒大夫」（1915）で鷗外が伝えたかったメッセージは復讐の放棄と和解の強調であったと考えられる。既に「護持院原の敵討」（1913）で鷗外は、敵討ちに疑問を抱き、父を殺した犯人の追跡行から脱落する息子を登場させている。しかし、青年の姉は敵討ちの枠組みの中に留まり、最後には本懐を遂げ、表彰される。

　制度的には1873（明治6）年に敵討ちが禁止されたが、その後も明治から昭和まで、最も人気のある物語は「忠臣蔵」や「曽我兄弟」などの敵討ち物語であった。復讐と和解、あるいは自力救済と法の支配、この正反対の方向性は、数百年の武家政治の時代を通じて日本人の心底にある基本的矛盾であった。

古代貴族政治の終焉とともに「武者の世」となった。武士たちは貴族の
私兵から脱して、有力指導者の下に自立した武力集団を志向する時代とな
った。説経節の生まれた中世（鎌倉・室町時代）は、朝廷（貴族）の権威
が残っていたとはいえ、基本的には武力による自力救済が当然の社会であ
った。説経「さんせう太夫」はそのような物騒な時代精神の下で、若者の
自立という普遍的物語を語ったのである。しかし、開国と共に近代国家と
なることが国家目標となり、新しい時代精神となった。それは、日本が国
際社会という列強に伍して自力救済の必要な環境に出ていくことであった
が、一つの国家としては法の支配を確立した近代社会にならなければなら
なかった。当時最高の知識人の一人であり、西洋留学の経験もあった鷗外
は、近代国家の条件の一つとして、自力救済の禁止と法による秩序の確立
の必要があることを強く意識していたであろう。鷗外は説経節から題材を
取り、新しい目で和解の物語を書いたのである。これは鷗外の意識的な創
作意図であると考えられる。

(4) 鷗外のパーソナルな物語としての「山椒大夫」

　鷗外が「山椒大夫」を復讐の物語ではなく和解の物語として描いたのに
は、よりパーソナルな心理的、あるいは無意識的理由があったのではない
であろうか。鷗外には、非常に暴力的かつ家父長的な父親に対する息子の
反抗と和解の物語を語る内的な必然性があったと考えられる。

　主人公厨子王には当然、作者鷗外が投影されている。家父長的な父親に
は富国強兵と急速な近代化を目指す明治の日本が表現されていると考えら
れよう。鷗外は帝国陸軍軍医であり、つねにその看板を背負っていた。彼
がその看板を降ろしたのは「余ハ石見人森林太郎トシテ死セント欲ス」と
書き残した遺言においてであった。鷗外はドイツに留学した（1884-1888）。
いつの世においても留学は一種の脱出である。青年鷗外も日本脱出を敢行
した。かの地で鷗外はある恋愛を経験した（「舞姫」1890）。帰国後、彼を
追って一人の女性が来日したが、その恋愛が実を結ぶことはなかった。彼
はロマンティック段階のアニマを圧殺し、明治日本という「父」と妥協せ

ざるを得なかった。そこに青年のロマンを受け入れ、活かしてくれる「母」はいなかった。鷗外から言えば日本の「母」は盲目であったのだ。厨子王は山椒大夫の支配する奴隷小屋から脱出する。そして一人前になって帰郷し、ウロボロス的父性と和解する。その和解を経てはじめて彼は母の失った視力（意識性）を癒すことができた。このように纏めると、これは鷗外自身が生きることを迫られた物語であることに気づく。「山椒大夫」は、厨子王が守り本尊を母の眼に押し当て、母の盲目が癒される場面で終わる：

　　女は……見えぬ目でじっと前を見た。その時干した貝が水にほとびるように、両方の目に潤いが出た。女は目が開いた。「厨子王」という叫が女の口から出た。二人はぴったり抱き合った。

　鷗外はここで一貫して「母」ではなく「女」と書いている。小説の結びは作者鷗外が、明治の青年が父と和解できることを願い、さらに日本の母を含めたすべての女性の開眼を願ったことが反映されているといえよう。

5　おわりに

　本稿では、中世の語り物である説経「さんせう太夫」と森鷗外の小説「山椒大夫」を比較して読んだ。説経「さんせう太夫」は父性像を欠いていた少年が、通過儀礼を耐え抜くことによって、内的な父性を回復すると同時に、男性性と女性性をバランスよく成長させた大人となる物語であった。その読み解きにおいては通過儀礼におけるリミナリティとコミュニタスの概念が有効であった。一方、森鷗外の小説「山椒大夫」は、近代国家の条件の一つとしての私的制裁の禁止を強調するとともに、鷗外の個人的体験を反映しつつ、明治の青年の「父なるもの」への反抗と和解、そして「母なるもの」の目覚めへの希望の物語と読むことができる。

謝辞　本稿について、懇篤なるご指導を戴いた査読者に厚く御礼申し上げます。

文　献

波多江洋介（2019）．『山椒大夫』に関する臨床心理学的考察　白百合女子大学研究
　　紀要, 55, 135-146.

岩崎武夫（1973）．さんせう太夫考──中世の説経語り　平凡社

河合隼雄（1982）．昔話と日本人の心　岩波書店

河合隼雄（1989）．生と死の接点　岩波書店

森文彦（2018）．「小栗判官」に見る英雄の墜落と変容　ユング心理学研究, 10, 171-
　　192.

室木弥太郎（1970）．語り物（舞・説経・古浄瑠璃）の研究　風間書房

室木弥太郎（1977）．説経集　新潮日本古典集成　新潮社

中村元・福永光司・田村芳朗・今野達（編）（1989）．岩波仏教辞典　岩波書店

Neumann, E.（1954）. *The Origins and History of Consciousness*. New York: Pantheon Books.
　　（林道義（訳）（1984）．意識の起源史　上　紀伊國屋書店）

Turner, W. A.（1969）. *The Ritual Process: Structure and Anti-Structure*. Chicago: Aldine
　　Publishing Company.（冨倉光雄（訳）（1996）．儀礼の過程　新思索社）

van Gennep, A.（1909）. *Les Rites de Passage*. Chicago: University of Chicago Press.（綾部
　　恒雄・綾部裕子（訳）（2012）．通過儀礼　岩波文庫）

von Franz, M.-L.（1970）. *An Introduction to the Psychology of Fairy Tales*. Zürich, New York:
　　Spring Publications.（氏原寛（訳）（1979）．おとぎ話の心理学　創元社）

（2022年7月28日受稿　2023年12月17日受理）

●要約

「さんせう太夫」は日本に古くから伝わる語り物、説経節の一つである。流罪となった岩城の判官正氏の息子つし王と姉は、京に上り父の名誉を回復しようと、母や乳母とともに旅に出る。つし王と姉は人買いに騙されさんせう太夫に売られてしまう。二人は奴隷として過酷な労働を強制されるが、つし王は逃亡し、残った姉は殺される。つし王は寺の住職などの人々の助けを得て、京の貴族の養子となり、やがて国司になる。彼はさんせう太夫に復讐し、別れ別れとなっていた母親と再会する。説経「さんせう太夫」は父性像を欠いていた少年が、通過儀礼を耐え抜くことによって、内的な父性を回復すると同時に、男性性と女性性をバランスよく成長させた大人となり、さらに家族全体の救済と個性化を実現する物語であると解釈される。その読み解きにおいては通過儀礼の研究におけるリミナリティとコムニタスの概念が有効であった。一方、森鷗外の小説「山椒大夫」は、近代国家の条件の一つとしての私的制裁の禁止を強調するとともに、鷗外の個人的体験を反映しつつ、明治の青年の「父なるもの」への反抗と和解、そして「母なるもの」の目覚めへの希望の物語と読むことができる。

キーワード：山椒大夫、説経節、森鷗外

Two Versions of "Sansho the Bailiff", Comparison from a Jungian Viewpoint

MORI, Fumihiko

Kobe Dojinsha

"Sansho the Bailiff（Sansho Dayu）" is one of the sekkyo-bushi stories from medieval Japan. Zushio, the son of an exiled nobleman, and his elder sister Anju were kidnapped by a slave trader and sold to Sansho Dayu. One day Zushio escaped from the slave camp. Anju was killed brutally. Zushio was adopted by a nobleman in Kyoto. He met the emperor, who restored his estate. Zushio punished Sansho Dayu, and reunited with his mother, who was also enslaved in a distant island. The tale of Zushio's adventure is that of his initiation, which, according to the theory of van Gennep, can be divided into three stages: separation, transition, and integration. Turner's notions of Liminality and Communitas can be effectively applied in the interpretation of the legend. Mori Ogai wrote a short novel, also called "Sansho Dayu". Ogai stressed the importance of the rule of law, instead of private punishment, as the basis of modern nation. In the novel, Ogai also included his own experience as a young man in the Meiji period, his rebel and reconciliation in his relationship with the Father, and hopeful awakening of the Mother.

Key Words: "Sansho the Bailiff", sekkyo-bushi, Mori Ogai

研究論文

男装の女性の物語「新蔵人」にみる日本的こころ

鈴木志乃

阪本病院

1 はじめに

　分析心理学に基づく西洋の典型的な昔話研究（von Franz, 1977/1979）においては、女性の苦難の物語（斥けられ誤解された女性の物語）が描くものは、"合理主義的、父権制的に教育された男性が自身のうちでいつもは否定し抑圧しているアニマ像"（p.5）であり、物語の主人公は、自我意識がこれまでにない新しい経験、"元型的窮状"に出会う時、どう振る舞えば克服できるかを自我に示すモデルで、"理想的に機能する判例としての自我を具体的に示そうとする無意識の試み"であると理解されてきた（pp.15-16）。この前提によれば、日本の古い物語における女性の苦難は、日本的な自我意識の模範を何らかの形で示していることになる。しかし、例えば鶴女房や花女房に登場する女性は、男性の迂闊さや失態でやむを得ず異世界に退去し、死に至る。ここで読み手が見出し得る規範は、犠牲と忍耐に留まる。

　しかし河合（1982）は、男女を問わず、日本人特有の自我の在り方は、個々別々の古い物語に登場する複数の女性像を全体として捉えたもの、として理解し得ることを指摘した。特に重要なのは、彼女らの在り方を自我の段階的な成長発達として捉えるのではなく、その時々、"常に変化する状態として受け止められるべきであり、それらが重なり合って、見事な全

体をつくりあげている"（p.306）とされた特徴的様相である。複数の女性像の在り方が、"重層的に共存する"（p.305）位相こそが、西洋の近代的自我のメタファーとしての男性英雄像と対比し得る、流動的で柔軟な、"「女性の意識」"（p.287）とされた。

　上記を踏まえ、本稿では室町時代の「新蔵人」絵巻を取り上げ、女性の苦難を底流とするこの物語の全体を眺め、男女を問わない日本的こころの在り方としての「女性の意識」について考えたい。物語冒頭（阿部, 2014）、"あこはただ、男になりてぞ走り歩きたき"（p.92）（"あたしは男になって走り歩きたい！"（p.18)）と願うヒロインは、兄一人姉二人を持つ末妹で、姉二人の生き様を否定し、兄に代わり男姿で出仕する。兄や姉を否定しながらも彼らを模倣する末妹の動きによって、物語は展開する。彼女は、近代的自我の意識からすれば、von Franz の示すヒロイン像（＝理想の自我像）とは異なり、コンプレックスに突き動かされ、身近な他者の真似ごとを重ね、自己中心的な振る舞いで右往左往する、我々としてありがちな心理状況の人格化とさえ見受けられる。さらに彼女は、男か女かという既存のジェンダー概念を持たぬかのように振る舞い、世間（集合的意識）からは非難され、懊悩し出家する。このヒロインが、自分自身になっていこうとする動きを追いつつ、分析心理学の立場から理解される、日本的こころの在り方を、物語を通して検討したい。

2　物語の特徴と内容の提示

(1)　絵巻物語「新蔵人」成立の機序と特徴

1　豪華絢爛な王朝絵巻に対置する「白描小型絵巻」としての「新蔵人」

　「新蔵人」絵巻は、平安末期に多く制作された色鮮やかな王朝絵巻とは対比的に、無彩色の墨描きである。正倉院に保管された伝統的なやまと絵

を起源とする白描画（真保, 1970, pp.17-18）は、各時代の絵師が制作主体で、国威としての存在意義から継承されてきた。それらとは異なり、南北朝から室町時代に多く制作された白描画は、通常の絵巻の半分以下のサイズ（「新蔵人」は紙高約11cm）に小型化され、絵を描くことを職業としない宮廷女房らによる創作の可能性が指摘されている（阿部, 2014, pp.159-165）。また、その表現形態は、墨絵と文字テキスト（詞書）に加え、絵の中に書き込まれた文字（画中詞）で構成されたものが多い。なお、「新蔵人」絵巻の画中詞は、描かれる人物名と彼らのセリフのみで成り立つ。詞書における文字テキストと画中詞におけるそれは、相互に補完的であるばかりか、"詞書から逸脱して詞書による物語世界を揺るがせる"（阿部, 2014, p.121）機能を果たすという。この構造は、絵と文字で構成される表現型の代表である漫画との類似に留まらず、現代特有の表現法として散見される、ドラマ本編と同時並行で放送される副音声の世界や、動画サイトのゲーム実況等、いわば本編テキストの王道的存在に対し、外野からのコメントや野次をも含みこみ、それらを全体として提示する形態にも類似する。「新蔵人」絵巻では、詞書と画中詞の同時提示という手法によって、「集団から見た世界観」と「個から見た世界観」が交錯し、集合的意識から見た筋書きと、登場人物らの自律的な声が、入り乱れている。さらに、この絵巻には、"宮中の女房によって書写、享受されていた"事実と、"物語が再生産され、享受される程度には流布していた"（阿部, 2014, pp.123-126）可能性が指摘され、翻訳チームによって、"室町時代のライトノベル、少女マンガ"（p.9）と紹介されるほどである。

2　室町時代に「女性の苦難の物語」を誰が描いたか？

　作者に確証はなく、現存する二種の伝本からは、足利義視（男性）と後柏原院卿内侍（女性）の名が伝わる。義視は室町幕府6代将軍の子で、縁者の多くが歴代将軍であり、自らも還俗させられた将軍候補で、応仁の乱（10年以上続いた跡目争いと権力闘争）の契機とされる人物でもあり、写本を能くする能書家であった。なお、父の義教は激しい性質で知られ、「看聞日記」には、侍女らの打擲、流罪、親の領地の没収等、身近な女

性に私的制裁を加え、刑罰で強制的に尼とする等の逸話が残る（勝浦，1995, p.131）。内侍は、義視とほぼ同時代の人物で、第104代天皇後柏原並びに同105代後奈良に仕えた女房で、歌人、能筆家である。いずれも室町中期から末期、幕府が衰退し天皇家が不遇を託つ時代の人物である。

　印刷技術のない時代に物語が読み継がれるためには、宮廷や天皇家、貴族に仕える女性や尼、上流武家の教養ある女性たちが写本作業を担い、"新たな物語を創作するにあたっては、参考とするため、あるいは先行作品として作中で引用するために、既存の物語の写本を作っていくという作業が必要"（阿部，2014, pp.159-165）となり、写す手仕事と並行して、その改作（現代でいう二次創作）が活発であったことさえ偲ばれるという。

　以上のことから、「新蔵人」絵巻は、近代的自我による一著作とは異なり、テキストに関わる人々（筋の書き手、写し手、読み手）が互いに影響し合い、ある一定の形に収まり、今に伝わる、日本的こころの一つの在り方を示しているものとして受け取れる。

---

(2)　物語の提示

　新蔵人は、蔵人職（天皇の秘書役）にある兄の欠勤代理を志願し、男となり、弟として伺候した末妹「三君」の、公の場での呼び名である。男装のヒロインは、はじめは男として帝のお傍付きで活躍するが、そのうち女の身として帝の子を身籠る。それは世間には秘匿されるべき事態で、帝との間で既に女児を授かっていた次姉、播磨内侍の子として認知される。その状況に葛藤を抱えた主人公は、尼僧の長姉を頼り出家し、姉妹で一家往生を願い、それが成就する、というのが物語のあらすじである。

　本稿では、阿部（監修）（2014）『室町時代の少女革命──『新蔵人』絵巻の世界』を引用し、第一段についてはその全文を取り上げ、絵巻の構造の具体を提示し、物語のはじまりに含まれるすべての情報を示す。以降は、物語全体の流れを、阿部（2014）の現代語訳をもとに、原文を引用しながら、筆者にて概要をまとめ、全容を記す。

1　ものごとの始まり「ただ心にまかせて」

【詞書原文】中昔のことにや侍りけん、さまで上臈ならぬ人の、さりとてむげに卑しからぬ、諸大夫ばかりの人あり。男一人、女子三人持ちたりける、いづれもいづれも劣り勝ることなくいとほしく思ふ中にも、「などかいま一人男にてとりかへにもせさせざりけん」とぞ常に申しける。「いづれもありたからむままに、ただ心にまかせて過ぐし給へ。親の掟をも従へぬものは人の心なり。終には我が心の引くに任する習ひなれば」とぞ申しける（pp.92-93）。

【概要】"さほど遠くない昔のことであっただろうか、それほど身分は高くない人で、そうかといってまったく低いわけでもない、諸大夫ぐらいの人がいた"（p.17）。

平安王朝物語が身分の高い主人公を中心とした頃と異なり、"明らかに家格の低い家"の人物が物語の主となる点が、時代の世相を反映している（p.93）。この男は、一男三女をもうけながらも、"「どうしてあと一人を男に取り換えて育てなかったのだろうか」"（p.17）と悔やむ。他方、"「どの子も生きたいように、ただ心のままに過ごしなさい。親の言いつけにも従えないのが人の心というものだ。結局は自分の心が導くままになるのが世の常というものだから」"（p.17）というのが、彼なりの哲学として全編を貫く。次に示す画中詞は、登場人物の性質を明らかとする各人の台詞で、台詞内の「　」は和歌の引用である。

【画中詞原文】（殿）「何と言ひせせかみてもかひなし。ただ我が心のままになり行くものなれば、「ともかくもあれよ」と申すはいかに。」（上）「我もただ、さ候ふよ。よく仰せられたり。」（蔵人）「異様に案じ候ふべき身にても候はばこそ。姫たちのことは知らず。」（大君）「何事も詮なし。「あり果てぬ世」なれば、仏にならんことのみぞ思ふ。」（中君）「「命待つ間」もげにまたあり。ただ面白くてこそ、過ぐしたく候へ。」（三君）「あこはただ、男になりてぞ走り歩きたき。」

【訳】（父親）どれだけくどくど言ってもしょうがない　所詮　子どもは親の思惑など気にせず自分の思うように生きていくものなのだからいっそ「思うように生きよ」と言ってやるのはどうだろう？（母親）私もまった

くそのように存じますわ　よくぞおっしゃいました（長男）私のことは特に心配には及びませんよ　妹たちはどうなるかわかりませんけどね（長女）あれこれ考えたところで何事も無益ですわ　「いずれ死ぬ身」なんですから私は晴れて成仏することばかりが願われますわ（次女）お姉さまがおっしゃるのももっともですけどそれでも「命果てるまでの間」は確かにありますわ　私はその間をただ心楽しく過ごしたいの（三女）あたしは男になって走り歩きたい！

2　三人の姉妹

　各言の通り、長姉は出家し、次姉は出仕し、帝寵を受け懐妊する。長姉は、"生きることによって伴う悲しみ"（p.95）を退け、完全剃髪の尼姿で、"二度と会はぬ親子の仲と聞けども"、"とくとく仏になりて、父母をも同じ所に迎へまゐらせて、一つ蓮の縁とならむ"と、両親共々の往生を希求し、"げに孝行の子"（p.94）と評される。長姉の出家動機は、"「親子は一世の縁、夫婦は二世の縁」という俗信"（p.93）を否定し、死後の再会を願う家族往生思想にあり、その実現に至ることが物語の結論となる。次女の播磨内侍は、気立ての良さから帝寵と世間の好評価を得、集合的意識に適合した人物として描かれる。画中詞では、同僚たちから、"心をつかむ手管でも持っているのかしら　振舞も容姿も本当に優れているのよねぇ"（p.27）と、噂されるほどである。このように、適応的な性質を持つ姉らと異なり、物語のヒロインである三君は、長姉の出家姿を見るや、"宿世の甲斐のない坊主頭ね！　ああいやだ見たくもないわ　いずれ乞食になるのよ"（p.22）と悪口雑言で、常識人の次姉から"そんなひどいことをまたおっしゃって"（p.22）と咎められる。

　両親は三君に、長姉の弟子としての出家か、次姉付きの宮仕えかを薦めるが、三君は仏門を拒絶し、その上、"あたしはこまごまとした女の宮仕えなんてしないわ。お姉さまにお仕えして辛い思いをさせられるよりは、兄の蔵人殿が帝の伽にお仕えしないこともあるというし、あたしを男にしてちょうだい。女の身ではあっても男になって引けをとらないように振る舞うし、伽だって務めるわ。今この時からはあたしを姫とは言わないで"

（p.33）と宣言する。両親は驚きつつも、"我が身も思ひ寄りければやすきこと。何とも心。それもまた力なし"（p.97）と、そもそも父親自身が先に思いついていたことでもあり、"何といってもすべては心次第"（p.33）、子はやはり親ではなく自分の心に従うわけだからしょうがないと、物語冒頭の「我が心のままになり行くもの」という考えを根拠に、三君を男姿で伺候させる。

3　男姿の出仕を経て帝の子を懐妊する新蔵人

　長男は、姿も性質も優美で、蔵人の大夫として帝に仕えるが、格上の家から妻を迎え、"「夫婦となり申し上げてからは　あなたとずっと一緒にいたくてどこへも出かけたくないんです」"（p.39）と、妻との蜜月を削られるのが嫌なあまり、公務を投げうつ。そのため、弟として出仕している新蔵人を、帝は絶えず傍に置くようになる。そうするうちに、女の身であることが帝の知るところとなり、"目新しく、不思議なものとお思いになって"（p.44）寵愛されるようになる。新蔵人は、兄と姉を出し抜くほどの面目躍如を自慢に思い、調子に乗る様子が、傍から見ると見苦しいほどである。新蔵人は、女性であることを世間に公表するわけにはいかないが、帝の歓心を得、次姉にとって代わりたいとまで思うようになる。次姉は、里帰りの折、先に出仕した自分が妹の身勝手な振る舞いにも目を瞑り、事なきよう収めているにもかかわらず、遠慮するでもない妹が腹立たしい、と訴え、家族は新蔵人を出仕させぬよう計らう。すると、帝は兄の蔵人を呼びつけ、"「このように伺候する者が少ない時に参内させないとはどういうことだ、参内させ始めたからには仕えさせるように」"（p.52）と、厳しく命じる。兄は、妻との時間を身内の騒動に削られるのが惜しく、とにかく帝のお心に適うようにすべき、と父母を説得する。新蔵人は再び伺候し、帝と数日籠り切りで過ごす。やがて新蔵人は懐妊し、男の公務を病欠し出産する。帝も父母も、この事態を、"力なきこと"＝"新蔵人の妊娠を指して、人間の意志ではどうにもならないことと諦観の念を表す"（pp.106-107）と捉え、帝は、次姉が懐妊したように振る舞うよう伝え、大らかな性質の次姉は身代わりを務め、新蔵人に関する秘密を守り、周囲にも言い

置いた。父母も兄も、新蔵人の男児出産を次姉の手柄として世間に触れ回る。

4　新蔵人の出家と物語の結末

　やがて、次姉が出産した姫は内親王に、新蔵人の出産した若宮は寺の座主の後継となる。帝の正妻である中宮には既に二人の皇子がいて、内侍腹の姫を我が子のように愛しまれ、全体として場が収まってくる。しかし宮中では、新蔵人の活躍を快く思わない人々が、"心得ぬ上の御さまに、人もそしり申すこと多し"（p.108）と、帝の対応にも非難が高まる。新蔵人が産んだ若宮を世間が次姉の子として歓迎する一方、新蔵人はこれを己の手柄と思ううち、真相を知らない世間からすると見苦しい行動が生じ、帝の寵愛も薄れがちとなる。懊悩する新蔵人は、長姉の弟子として仏道修行の道に入ることを思い立ち、梅ヶ畑（長姉が修行する善明寺の在処）を訪ねる。新蔵人は、"深い考えもなく常識はずれな格好で"宮仕えしてきたことを、"意味のないことと今は思い切って"いると告げ、姉の弟子にと望むと、長姉は、"ずっと非常識なお振舞を続けなさるのも恥ずかしいこと"（pp.64-65）と、三君の新蔵人としての男装出仕は、三君自身にも姉にも明白に否定され、三君は仏道に至る。山深く描かれた尼寺に供する従者二人は、この語らいを外に控えて聴いている。"「心ざし、かく候ふまでや、殿」"（p.108）（"出家の志はこれほどまでのものなのですか、殿！"（p.63））と一方が言えば、他方が、"「物も食はでこそ、物語りばかりにて、これはいつ帰らうずらう。殿も胸がしわうしわう申す」"（p.108）と、飲まず食わずで長話に付き合わされ、"「一体いつ帰るんだろう？　貴殿もお腹がぐうぐう鳴っておりますぞ」"（p.63）と、"真面目な台詞も決まらない"（p.63）場面となり、深刻さを笑いが転倒させる構図になっている。

　兄は、三君の決意に、公務をサボる際の代理であった妹がいなくなるのは困る、と思うが、そのうち我が子に代役を任す日も近かろうと得心する。両親も、"「ただ心にまかせよ」"と、はじめより仰せられしことなれば、"「ともかくも御心にこそ」"（p.108）と納得する。なお、次姉の内侍殿は、妹の三君から（三君の子である）若宮を託される。三君が、"「内侍殿の御

局を訪ひつつなさばや」"と言えば、次姉も"「いつも入らせおはしまし候へ」"（p.113）と答え、今後も互いに行き来することを約束する。"向かい合って座る二人の間には、かつてのわだかまりはもうないかのよう"（p.77）に見え、実際、次姉は梅ヶ畑を訪れ、三君は次姉を介して帝と歌を交わす。帝からの"振り捨てて厭ふ心はつらけれど"との上の句に、三君がつけた下の句は、"露の隔ても我はなければ"（pp.113-114）。帝が、自分のいる現世を捨てるほど厭う気持ちがつらい、と問えば、かつての新蔵人は、帝のいる現世と、自分の今ある梅ヶ畑を、隔てと思うこころは私自身には決してないのだ、と答える。そうしたやりとりを経て、帝は、"新蔵人との縁がこの世だけではない稀有なめぐりあわせで、だからこそ新蔵人に常識はずれな心も生まれたのだなあと、しみじみと並一通りではない気持ち"（p.79）を抱く。こうして、かつて新蔵人と呼ばれた三君は、仏道精進の日々に至る。

　最終段では、三君の息子である得度した若宮が、三君を実母と察知した上で度々訪ね、やがて往生人になったことが伝えられる。ラストシーンは、長姉と三君が揃って家族往生を願い、"仏道なりけるぞ、返す返すもめでたく侍りけれ。父母、内侍殿も定めて一つ蓮に迎へられ給ひけんかしとぞ侍る"（p.117）（"仏道修行が成就したことこそは、この世にも稀な関係によってもたらされた実に実にすばらしい結末であった。両親、内侍殿もきっと極楽の同じ蓮の上に迎えられなさったでしょうよ、と物語にはあった"（p.88））との言葉が添えられ、一家往生譚が強調されて終わる。他方、終幕の画中詞は、以上の詞書の展開とは明らかな対比を成す。荘厳な大団円を語る詞書のかたわら、完全剃髪姿の三君が、"よその人が彼女を見て「これは　はてさて尼御前だろうか入道のようでいらっしゃる」と言って笑っていましたよ"（p.87）と朋輩に嘲笑されている。尼僧の長姉も、"そうでなくてさえ法師のようなお顔立ちで御髪の様子までそれなのだから人が「法師と同居している」とか申しているのがやるせないのよ"（p.97）と愚痴る。ところが三君は、内外からの批判や嘲笑に晒されてもきっぱり、"「尼と入道とは似ているものでしょう　そんなこと聞きたくもない　何とでも言いたければ言えばいい！」"（p.87）と返答する。さらに、"あらゆ

ることはその本質によると言うでしょう　尼と入道だってその本質は一緒
でしょ　くだらない！　「変成男子」とは言うけれど私は生きながら「変
成女子」になった気持ちがする”(p.86)と宣言する。

　当時、女性は穢れた存在で、成仏するには生前、男性に変じる必要があ
るという通説、「変成男子」を踏まえ、「変成女子」という巧みな言い換え
で、長年男として生きた三君は、定説を創造的に否定する。姉妹の歯に衣
着せぬ丁々発止を幕切れに、傍らでは別の尼僧が、"花摘み、水汲み、朝
とくよりするぞ、悲しき"(p.115)("花摘み　水汲みを朝早くからするの
が切ないわ"(p.86))と一人ごちるシーンも描かれ、仏門に至った元新蔵
人の日常は、こうして俗世に等しく卑俗かつ闊達な様子で描かれ、終わる。

3　考察

(1)　分析心理学から見た物語の理解

1　「とりかへばや」物語との異同

　「新蔵人」絵巻（阿部, 2014）では、物語の始まりから夫婦に4人子ども
がいて、一人は跡継ぎの長男である。にもかかわらず父親は、"いま一人
男にてとりかへ"ておけばよかった（p.92）と嘆く。家の将来のため、女
子を男子にと願うことは、平安末期の「とりかへばや」物語の父親が、我
が子の男女入れ替えを願う態度に類似する（p.92）。しかし、「とりかへば
や」では、姉が男らしく、弟が女らしいことに悩む父親が、彼らのジェン
ダーを取り替え、物語の最後に姉の子が帝位に就き、祖父・母・息子のト
ライアッドが成立し、"天狗の功によって悩み抜いた左大臣が、遂に人間
としての最高の願いを果した物語"（河合, 2008, p.243）とも読める、現世
的な展開が含まれている。他方、幕府衰退と天皇家不遇の室町時代におけ
る「新蔵人」絵巻では、現世欲は、冒頭の次姉（命果てるまで現世を楽し

く過ごしたい欲求）が軽く担う程度で、父親は終始、子は親に従わず「心のまま」生きるものだと諦念のように繰り返し、既に男子があるにもかかわらず予備の男子を欲しがる、神経症的不安を抱く存在としてのみ描かれ、自我意識による「とりかへ」は生じない。代わりに、父親の不安に呼応するかのように、女でありながら男になりたい三君がおのずと現れる。この始まりに対し、物語の結末は家族往生の強調であり、父親の願望達成は殊更描かれない。

　「とりかへ」を主題とする両物語における父親像の違いは、平安と室町の世相の反映として理解もできようが、「とりかへばや」の物語の本質は、長編のディティールの豊かさを取り払えば、短編絵巻としての「新蔵人」の骨子と、相当な類似性が見出される。「とりかへばや」では、"恋のこと出世のこと結婚のことが語られ" ながらも、"生は死というひとつの関門に到るまでの過程として理解される" 日本的こころの在り方が底流となっている（河合, 2008, p.239）。詳細に描かれる祭や儀式、男女入り乱れての性愛の交錯が、西洋の昔話のように現世におけるハッピーエンドを目的とした進行には寄与せず、"全体としての流れそのものがもっとも重要"（河合, 2008, pp.239-249）としか言いようのない、構造的な特徴を有することが指摘されている。そして「新蔵人」絵巻では、「とりかへばや」の核の部分、すなわち、人生とは自我意識の欲する通り因果論的にものごとが展開していくのでは決してなく、個人の欲求によって突き動かされて展開する、"ひとつの「過程」"（p.239）そのものであることが、結果的に強調される筋書きともなっている。このことから、「新蔵人」絵巻は、時代の変遷に依らない普遍的な日本的こころのエッセンスが収斂された、いわば「とりかへばや」物語のダイジェスト版のように理解できる。

2　「心のまま」──個人の意思を超える「じねんの位相」

　「新蔵人」絵巻で繰り返される「心のまま」は、この物語の主題である。鎌倉中期の説話集「十訓抄」や女子教訓書では、「心のまま」は、「親の掟」の対概念とされ、"返す返す悪しき事"（p.132）とする中世的教育観が存在する（玉田, 2014, pp.131-132, pp.135-136）。分析心理学の立場から

見ると、「心のまま」は、西洋的な近代的自我モデルでいうところの、親から分離すべく我が道を貫かんとする強い自我の態度（原初的混沌から分離する近代的な自我確立の位相）ではなく、"「じねん」の立場"（河合, 2013, p.22）として理解し得るだろう。登場人物たちは、"「自発的に、自分の自由意志から」と「自然発生的に、ひとりでに」"（河合, 2013, p.22）という異なるベクトルが、矛盾せず二重で成り立つ存在として表され、彼らは自我意識によるコントロールを超えた、無意識の自律的な動きに導かれていくしかない。そうであるからこそ、三君は、"深い考えもなく常識はずれな格好で"（阿部, 2014, p.64）宮仕えを始め、新蔵人として懊悩を深める。帝も例外ではなく、"新蔵人との縁がこの世だけではない稀有なめぐりあわせで、だからこそ新蔵人に常識はずれな心も生まれ"（阿部, 2014, p.79）たと述懐する。つまり、「新蔵人」絵巻が提示する「心のまま」は、親に反発することで分離する意志の誕生（西洋的な自我意識の発露）として読むにはあたらず、個人の意志を超えて突き動かされていくしかない、我々のこころの在り方を示すものと理解され、これは、近代的自我の見方を取り除いてはじめて見出される、日本的こころの在り方の本質を捉えた概念といえるのではないか。

3　物語の読み手に賦活されてくる一個人のこころの変容プロセス

　「新蔵人」絵巻の物語は、集合的な意識や「男性の意識」から見れば、自身の性をも偽る身勝手なヒロインが、その性質から宮中で嫌われ、帝寵を失い、世捨て人となるようにも理解されようが、「女性の意識」からすれば、現世とは、「男性の意識」が蔓延する、太母元型に支配された集合的意識の世界であり、そこから、自らを自発的に切断することによって、新たな位相を構築する作業に入った流れがくみ取れる。

　「新蔵人」絵巻を、自我の立場から三君の成長物語として読めば、コンプレックスに取りつかれた未熟な一個人の変容として読むことは可能ではある。Jung のタイプ論（1921/1987）は、一個人のこころを構成している異なる諸機能が、相互作用していく変容のプロセスを指摘するものである。その一例を引用し、「新蔵人」の物語がそうした視座からも理解を深める

素材であることを提示する。Jung（1989/2012/2019, pp.87-88）は、無意識内に留まる諸機能をうまく働かせることができない自我コンプレックスの状況と展開を、次のように説明する。常に新しい可能性を追い求める人は、現在の"永久的な収監と監獄"（外的現実）を嫌悪するが、"結局、彼は穴の中にいて、直観によっては自分を外に連れ出す術が見つけられないことを悟る"。"彼はただ彼がいる所に取り残され…（略）…行き詰まりで…（略）…何かできることはないかと"思考し始める。この段階では、思考＝知性的機能と感情機能は矛盾を抱え、"思考を駆使して苦境から脱するための入り組んだ道を進むことになる"。つまり、"こちらでは嘘をつき、あちらでは欺くために、彼の感情が、それを受け入れ難くなる"状況となり、感情と思考の間のズレが否応なく認識され、終に、"感覚という新しい王国を発見することでこの葛藤から抜け出し、その後初めて、彼にとって新しい現実が新しい意味を帯び"る。つまり、自分の捉え方（主観）を認知全般に適用する位相から、その性質だけでは立ち行かず、対極といえる客観的現実を、"自分の投影した雰囲気を通してみることをやめ"、ありのままを"それ自体に則して楽しみ始める"ことができるようになる。以上の引用は、三君を、諸大夫一家全体を、さらには物語全体を指すようでもあり、また、読み手が自分自身のことを言い当てられている気分にもなりそうな、Jung（1989/2012/2019）の指摘である。

(2) 日本的こころを理解する──「女性の意識」

1 「心のまま」と「親の掟」

分析心理学の立場からは、鎌倉時代に「心のまま」の対概念とされた「親の掟」とは、実際の親が決めた掟を指すものではなく、どうしても従わなくてはならない確固とした先例、つまり日本における集合的意識にあたると理解される。それは、「新蔵人」絵巻の主要な登場人物たちを取り囲む、外野の声で表現されている。例えば、出家する長姉を孝行の子と評価する詞書、播磨内侍としての次姉を羨望する画中詞、あるいは、新蔵人を度々懊悩させる宮中の噂、まるで真実を知らない宮廷集団が帝を非難す

る様子など、彼らを取り巻く不特定多数の世間の評判や陰口などがそれにあたるだろう。日本的こころの構図として、「親の掟」（集合的意識）に取り巻かれる「心のまま」（「女性の意識」）の適応と苦悩は、どのように理解されるだろうか。

河合（1982）は、日本における意識の在り方を、「無意識」と対比させるのではなく、「男性の意識」と「女性の意識」において対比した。日本の昔話に現れる女性像の研究を通じて、"耐える生き方を経験した後に、反転してきわめて積極的となり、潜在する宝の存在を意識していない男性に、意識の灯をともす役割を持つ女性"（p.286）を見出し、その在り方を「女性の意識」とした。ただし、本稿冒頭に述べた通り、これは複数の女性像を全体として捉え、異なる特性が同時性を持つ在り方を指す。「女性の意識」は、"それが意識である点において、無意識とあまり密着していてはならない。しかし、それが無意識とあまりにも切れた存在となるときは、男性の意識と同じになってしまう"（p.297）とされるように、西洋的な自我意識とは異なる意識として区分されている。この意識の在り方は、「とりかへばや」の主人公である姉と弟のペアが、"こころの重要な構成要素を形成しているが、通常の意味での自我とは言えないように思われ"（河合, 2013, p.156）、"二人とも他者と戦わないけれども、自分たちの目標を達成するためにはおおいなる苦しみに耐えなければならない"（河合, 2013, p.156）と表現されているように、彼らを取り囲む集合的意識と同一化することなく、それとの相克に身を置く意識の在り方が、「女性の意識」として区分されていることになる。

「新蔵人」絵巻における三君もまた、「とりかへばや」の姉弟に表象された意識の在り方を生きている。はじめは、兄と姉が示す適応的な集合的意識モデル（宮中で華々しく活躍する蔵人職（兄）→帝寵を受ける憧れの存在（次姉）→親孝行な出家（長姉））を真似、彼らの二番煎じを生きようとするが、どの生き方においても彼らのように適応することはできない。彼女は、集合的意識と対置することを運命づけられた存在である。三君は、兄君がコミットしない帝の傍付きを務めながら、女性としても生きる葛藤を抱え、真実を見る目を持たぬ世間（集合的意識）からは嫉妬を買う。そ

の苦悩を経て、王道から距離を置き、尼僧となる。しかしそこでも、人目を気にする卑俗な集団意識は存在し、剃髪姿の三君を男のようだと嘲笑、身内の長姉も彼女に女らしく（尼僧らしく）振る舞うよう求める。しかし三君は、大衆の耳目に影響を受け懊悩させられることは、最早ない。"尼と入道とは似ているものでしょう"、"尼と入道だってその本質は一緒でしょ"（pp.86-87）と繰り返し、男・女概念の二分法を一刀両断（対立軸を超越）し、双方の類似性や共通性を繰り返し問う存在となっている。彼女の歯に衣着せぬ物言いと態度は、宮中においては非常識で、揶揄や排除の対象とされたが、修行の地、梅ヶ畑では、女性成仏と家族往生を牽引する頼もしい礎となる。

　当時の大衆を癒した「新蔵人」絵巻のオリジナリティ＝女性成仏と家族往生は、女性ながら男性として生きた三君が、帝を通して、男性から女性に成り変わる苦悩を生きてはじめて、新しくもたらされたかつてない位相である。ただし、そこには、現世欲に従わず人生を求道に費やす長姉の力が添えられ、宮中に生きる次姉が三君の子を預かり次世代を育み続けたことも支えとなっている。分析心理学の立場からは、この三姉妹の役どころすべてが、日本的こころの在り方＝複数の女性像を全体として捉える位相（河合, 1982）で理解される。つまり、我々一人ひとりが三姉妹を同時に生きる可能性に開かれているというわけである。「女性の意識」は、「男性の意識」が作り出す男性優位の「変成男子」概念を覆し、「変成女子」という新しい態度を通じ、来世を願う日本的な志向性と、その動きに対立する現世欲求、すなわち家族といつまでも一緒にと望む"人間関係としての絆"（河合, 2008, p.189）と、双方を引き連れての往生を可能にした。これこそが、当時の尼僧や女房が書き写し受け継ぎ現存する「新蔵人」絵巻に内在された、希望を入れる器としての価値ではないだろうか。

2　西洋的な自我意識と日本的こころ

　分析心理学の視点から「とりかへばや」物語を検討した河合（2008）は、男装の姫君の意味を理解することを目的に、東西における同様のテーマを持つ物語を比較する中で、女法王のメタファーがその究極であることを指

摘し、法王の両性具有性、つまり父性と同時に母性性をも有する性質を紹介している（pp.116-121）。「新蔵人」絵巻では、現世の衆生を来世へ導く長姉と三君という姉妹のペアが、女法王のメタファー（徹底して男性のみに限定された役目を女性が担うこと）と合致する。キリスト教界の首長であるローマ法王という西洋のこころの代表的象徴を通じて、母性と父性の同時性を示し、対立軸（二分法）の超越性を示すメタファーに「女法王」イメージを拠出する一方、日本的こころを表象する「女人成仏」（徹底して男性のみに限定された成仏を女性のままで実現する）は、三君という女性が新蔵人として男性となり、その男性が仏道修行にある女性（尼僧）となること（「変成女子」）によって成し遂げられるプロセス自体に意味を持たせる。三君を支える二人の姉を含む、三姉妹各々の異なる諸態度が並存し、三君を要とした交流の実現が、西洋の対立軸を含有する在り方ともまた異なる、日本的こころの在り方を表している。物語の冒頭、長姉の来世志向は現実退避的、次姉の現世志向は現実適応的、そして末妹の三君は二人の姉らに比べて幼く傍若無人な性質に描かれる。この劣等さが能動的に動き回ることで（末妹）、精神性（長姉）と現実性（次姉）は各々、互いの立場を極めつつ独立的に機能していた従前の位相から、末妹を要に、間接的に繋がる。さらにラストでは、現世と来世が繋がる。意識の相では、兄君は兄君のまま、父君も母君も冒頭の彼らのまま、来世へと往生を遂げる。彼らに象徴される、太母元型の支配下にあり、集合的意識に同一化しやすい、無個性な、受動的で非主体的な我々の意識の在り方の背景には、三姉妹に象徴される諸態度が相互に作用しながら事を展開させるべく立ち上がり、いつのまにか古い位相を一掃、一変させてしまうような「女性の意識」が機能していることが理解された。

3 「女性の意識」──主体の発生

　河合（1982）の提起した「女性の意識」は、「男性の意識」が、西洋の英雄像が敵を倒す切断イメージ＝物事を区別する傾向を持つのに対し、対象を切断するメタファーではなく、"自ら切断の役割を担う"（p.297）ものであるという。"自ら決意する女性像"（p.297）は、主体性の現れを意

味し、その在り方は、"「本性隠し」という手段に頼るのではなく、本性の自覚に立って"（p.299）積極的に行動する、"度胸のよい女性"（p.298）のイメージで物語に現れる。これが、"「意志する女性」"（pp.277-308）という語で「女性の意識」を構成する重要な位相として指摘されてきた。以上を踏まえ、「新蔵人」の物語を通じて見出されてきた「女性の意識」とは、我々の日常における自我意識が、世間の評判や噂、世相や流行などの王道的諸相＝集合的意識と同一化しやすい傾向にありながら、自らその位相を切断することで生じてくるものであるといえる。あるいはまた、「男性の意識」の特徴である二項対立の位相を生きた上で自らを切断し、その対立的位相を韜晦する立場を貫いてはじめて「女性の意識」は誕生し、現世と来世を繋ぐ包括性を、己の性質として手に入れることになる。ここへ至るまでには、新蔵人の生き様にある通り、我々は各自一人で、太母的な集合性に対峙し苦悩するプロセスが必須となる。なお、「女性の意識」を「男性の意識」による利用が可能な下位機能のように曲解すれば、その自我の態度が、「女性の意識」を表象する女性像を繰り返し撤退させることは、日本の昔話の鶴女房や花女房に明らかである。同時に、彼女たちが自ら「男性の意識」から隔たることにより創出した、現世の外にある異世界を含み込んで拡大された包括的領域においては、切断されていった「女性の意識」の存在を否応なく眼差すことになる。集合的なものに感化されやすく、主体性を持たないことにすら無自覚で生きられる我々の普段の在り方は、必ずや失態を繰り返す。そのとき、我々は切断された内なる「女性の意識」に、改めて心して注目していかなくてはならない。「心のままに」＝「じねんの位相」を生きるプロセスにおいては、梅ヶ畑という修行の場が内的に見出され、そこで主体は立ち上がる。梅ヶ畑は決して桃源郷ではなく、朝から花摘み水汲みをする、修行の場ではあるけれど、「女性の意識」はここでなら息を吹き返し、闊達さを取り戻す。我々一人ひとりにとってのそれは、こころのどこにある場所を指すであろうか。

文　献

阿部泰郎（監修）江口啓子・鹿谷祐子・玉田沙織（編）（2014）．室町時代の少女革命——『新蔵人』絵巻の世界　笠間書院

Jung, C. G.（1921）. *Psychologische Typen. GW* 6. Zürich: Rascher Verlag, 1971.（林道義（訳）（1987）．タイプ論　みすず書房）

Jung, C. G.（1989/2012）. *Introduction to Jungian Psychology: Notes of the Seminar on Analytical Psychology Given in 1925 by C. G. Jung*. Princeton, NJ: Princeton University Press.（河合俊雄（監訳）猪股剛・小木曽由佳・宮澤淳滋・鹿野友章（訳）（2019）．分析心理学セミナー1925——ユング心理学のはじまり　創元社）

勝浦令子（1995）．女の信心——妻が出家した時代　平凡社選書

河合隼雄（1982）．昔話と日本人の心　岩波書店

河合隼雄（2008）．とりかへばや、男と女　新潮選書

河合隼雄（著）河合俊雄（訳）（2013）．日本人の心を解く——夢・神話・物語の深層へ　岩波現代全書

真保亨（編）（1970）．白描絵巻　日本の美術 5 No.48　至文堂

玉田沙織（2014）．『新蔵人』絵巻冒頭部の仕掛け——文化継承装置としての引歌　阿部泰郎（監修）江口啓子・鹿谷祐子・玉田沙織（編）室町時代の少女革命——『新蔵人』絵巻の世界　笠間書院　pp.130-137.

von Franz, M.-L.（1977）. *Das Weibliche im Märchen*. Stuttgart: Bonz Verlag.（秋山さと子・野村美由紀（訳）（1979）．メルヘンと女性心理　海鳴社）

（2023年12月 4 日受稿　2024年 3 月24日受理）

●要約

　室町時代の絵巻物語「新蔵人」を素材に、日本的なこころの特徴を分析心理学の立場から検討する。物語では、主人公の末妹が、二人の姉の生き方を否定し、兄に代わって男姿で出仕するが、帝の子を宿し、姉の子として出産する。男性として生きながら自分を見出していく過程で、主人公は強い葛藤を抱え、出家する。修行の果てに、当時の定説を覆す、女性成仏と家族往生を成し遂げる。この物語を基に、西洋的な自我の在り方を示す「男性の意識」と対比された、日本的なこころを示す「女性の意識」の概念を、次のように展開した。日本の集合的な意識は、太母元型の性質を強く帯びており、日本におけるこころの主流な在り方にあたる。その一方で、「女性の意識」とは、その在り方から自らを切り離すことで誕生する。ただし、この意識の在り方は、二項対立を生み出す「男性の意識」が持つ、切断、分離の機能とは異なり、柔軟で、従前の在り方や主流から離れることで、新たな側面を生み出し、繋がりを維持し、固定化しがちな主流の傾向を転倒させる機能を果たす。

　　キーワード：分析心理学、絵巻物語、日本的こころ

The Japanese Psyche in "Shinkurodo": An Emaki Scroll of a Woman Dressed as a Man

SUZUKI, Shino

Sakamoto Hospital

　This study of the picture scroll "Shinkurodo" examines the qualities of the Japanese psyche using analytical psychology. In "Shinkurodo," the youngest sister, who is the protagonist, rejects her two elder sisters' way of life and enters service as a man instead of her brother; however, she conceives a child with the emperor and presents it as her sister's child. In the process of discovering herself while living as a man, she faces a strong conflict and is ordained. She realizes that she would enter the afterlife with her family, identifying herself as a woman. The concepts of "feminine consciousness" and "masculine consciousness" differ as the Japanese psyche and Western ego, respectively. The Japanese collective consciousness, with a strong Great Mother archetype, is the mainstream of the Japanese psyche. Feminine consciousness is an auxiliary function, a local byway removed from the center. Unlike the separating function of "masculine consciousness," which creates dichotomies, feminine consciousness is flexible and creates new aspects by moving away from the center, maintaining connections, and reversing the mainstream, which tends to become fixed.

Key Words: analytical psychology, picture scroll stories, Japanese psyche

印象記

日本ユング心理学会第12回大会印象記

林　公輔
学習院大学文学部心理学科

　2024年6月1日・2日に、日本ユング心理学会第12回大会がAP大阪淀屋橋で、現地開催とオンラインを併用したハイブリッド形式で開催された。大会テーマは「ユング心理学と生命の秘密」である。

　初日の午前中には5つのワークショップがあり（残念ながら私は仕事の都合で参加が叶わなかった）、午後のプレコングレスは独立研究者・森田真生先生による講演「計算する生命」であった。森田先生は同じタイトルの著書で第10回河合隼雄学芸賞を受賞されている。よどみなく語られる内容は尋常ではない知識量に裏打ちされており、まさしく圧倒された。心理学を切り口に心のことを考えてきたわけではないといい、計算やコンピュータ、熱力学をはじめとした膨大な科学的な知識に基づいて心や身体、環境について語られていたが、それでも私には、森田先生の話はとても臨床的だと感じた。たとえば、彼が高校時代にバスケットボールで体験したという、「自分が消えて試合の流れそのものになっているような瞬間」という感覚は、心理療法場面で私たちも（滅多にないかもしれないが）体験するものではないだろうか。数学者・岡潔に魅せられ、「社会」や「自然界」ではなく「法界」（時間と空間の区別のない世界）を目指していた森田先生が、誕生直後に手術が必要になった長男を前に「この世界に空があることを一緒に体験したい」と思ったことを契機として「自然界」へと関心を移していった経緯は、とても感動的だった。一緒に空を体験したいという想いは、心身の別のないところから湧き上がってきた想いであり、研究者としての大きな転換がそこにはあったに違いない。私のなかでは、鈴木大

拙が『日本的霊性』で指摘する、親鸞における大地性の重要性と、森田先生の体験が重なって聞こえていた。

　講演の流れは止むことなく、次へ次へと進行していった。そのよどみのないさまからは、膨大な量の知識が理路整然と彼のうちに収納されていることが想像され、舌を巻くばかりだった。どのような思考もそのための「場」を必要とする話から、生きていくためには場所が必要であり、そのような心地よい場所を次にくる人たちが「きてよかったね」と思えるように手入れすることが普遍的な環境思想だとする森田先生の主張には、強く賛同したい。「生きることは場所を作り出し、場所があることで生きることが可能になる」。

　講演を受けて、指定討論者の前川美行先生が、箱庭療法を例にして森田先生の話のエッセンスを臨床場面に引きつけてコメントしてくださったおかげで、理解を深めることができてありがたかった。もう一人の指定討論者であった河合俊雄先生は、心理療法における場所の重要性を指摘した上で、ユング心理学が目指しているのは「法界」ではないかと発言され、河合隼雄先生は華厳教をもとにして「法界」から何が立ち上がるのかを考えていたと指摘された。私は、心理療法において「法界」が生成するためには、治療構造という有限性が必要なのではないだろうかと想像しながら聞いていた。

　2日目の午前と午後には研究発表があり、私は京都大学の畑中千紘先生のご発表で司会を務めた。指定討論者の前川美行先生とは日本箱庭療法学会の編集委員会でご一緒してはいたものの、直接お会いするのはこれが初めてであった。プレコングレスに続いて、その日も先生のコメントを聞きながら、やっぱり心理療法やケース検討はライブの方がいいなと思っていた。そのような私の体感は、プレコングレスで触れられていた身体性や「場」ということに関連しているだろう。畑中先生のご発表も同じで（やっぱりライブがいい！）、本当に大変な（私ならちょっと引き受けたくないなと思う）ケースが、いつの間にか魔法のように回復の方向へと歩み始めていた。その展開は本当に気持ちのいいもので、わあ、すごい！と思い、思わず「（難しい話はせずに）ビールでも飲みたい気分です」と口にして

しまったが、これも身体性だと言うと言い過ぎだろうか。でもそれが私の本心だった。

　この日は大会企画ケース・シンポジウムも行われ、西牧万佐子先生が「沈黙との対話——末期がんの女性との心理療法過程」というタイトルで事例提供をされた。2010年の日本ユング心理学会第1回大会で研究発表し、その後論文でも取り上げたことがあるものの、ご自身の中で古くならないケースなのだという。途中で、以前にどこかで聞いたケースであることを思い出したが、西牧先生の語りは、最近のケースを語っているような、いや、それよりもむしろ、クライエント自身の語りを実際に聞いているような生々しさがあり、私は胸が熱くなる思いだった（西牧先生、ご発表を聞かせていただき、どうもありがとうございました。とても感動しました）。そして、「夢はそれ自身の解釈である」というユングが引用したタルムードの言葉を思い出しながら、このような語りこそが、心理療法そのものを表している、表しうる表現方法なのではないかと思った。起こったことや起こっていたかもしれないこと、そして起こらなかったことを、言語的・非言語的に語ること（もしくは語れないこと）そのものが、それ自身の姿に他ならないのではないか。セラピストの口をついて出たハミングは、面接でユングが歌ったという子守唄と同質のものだったに違いない。眠りと覚醒、この世とあの世、生と死、クライエントとセラピスト、病室なのか自宅なのか、もてなす側ともてなされる側、自と他、さまざまな場所で境界がその輪郭を失っていた。そのような場所に想いを馳せながら、治療構造とは一体何であるのかについて、私はぼんやり考えていた。

　指定討論者は田中康裕先生と岩宮恵子先生が務められた。田中先生はユングの見た「もう一つのボーリンゲン」の夢や心理療法における「地と図」、ユングの言う「相互浸透」について語りながら、事例に寄り添われていた。岩宮先生は河合隼雄先生の『ユング心理学と仏教』や『生と死の接点』にも触れながら事例について語り、さらにはプレコングレスとのつながりについても明らかにされた。岩宮先生が萩尾望都氏の『銀の三角』と事例の関連についてお話しされているのを聞きながら、私はさっそく携帯でそれを注文した。

「場」をめぐる何かが、今回の学会全体を貫いて、コンステレートされていたのではないだろうか。いろいろと考えさせられる、私にとってとても有意義な大会だった。関係者の皆様、そのような場を提供してくださり、どうもありがとうございました。

日本ユング心理学会第12回大会印象記

山下 竜一
杏林大学

　日本ユング心理学会第12回大会が2024年6月1日と2日の2日間、AP大阪淀屋橋にて開催された。オンラインも併用したハイブリッド形式であったが、筆者は会場にて参加した。現地の会場は両日ともに晴天に恵まれ、川の涼しさも感じる暖かな大会となった。

　1日目午前には、5つのワークショップが開かれた。筆者は桑原知子先生のワークショップ「令和型不登校をめぐって——ユング心理学からの理解」に参加した。今回のテーマは令和における不登校であり、学校臨床に主眼を置き、スクールカウンセラーが出会う不登校の変化、教師の傷つきの話を出発点に、学校臨床における視点・工夫を多彩にお聴きできる時間となった。桑原先生のお話の基盤には、ユング派として学校に入ること、学校の中でも揺らがないスタンス、そのベースとなる考え方などが定点として力強くあるように感じられ、少し力が抜けるようなほっとする気持ちになるとともに、また明日からも頑張ろうと思えるような、希望の宿る時間となった。

　午後のプレコングレスは、森田真生先生をお招きした「計算する生命」と題する基調講演であった。この講演は、私にとっては普段はあまり考えない大気の組成や、水、窒素の循環に目を向け、地球を再構築していくような内容であり、心が動かされるものであった。特に、我々が生きるために必要としている場所は、我々が行っている生命活動そのものによって創られ、維持されているという話が印象的であった。生きるための場所は最初から与えられているわけではなく、多様な動植物の排泄や食事などの活

動が連鎖的に働くことによってめぐりめぐってつくられている。さらに、場所と生命活動の関係性はループしていて、そのように考えていくと、身体と環境を切り分けることは難しいという話にもとても興奮した。

　もう一つ、風を計算できないという話からの新しいセルフの話も非常に面白かった。風と心、プシケーの話から始まり、コンピュータの登場によって、これまで手計算に頼っていた計算（それも驚きであるが）が大量に高速に可能となったこと、それでもカオスが発見され、すべては計算できないこと、現在では結果から原因を予測する複雑なモデルが必要となっていることなど、哲学史と科学史が融合したような心と風の物語が展開した。最後には、セルフが降り立っている body はひとつひとつの小さな身体というよりも、遥かに広い生命のつながりである地球という大きなものだとも考えることが可能であり、粗雑なセルフから、広い生命のつながりの感覚を持った新しいセルフの感覚が生まれる入口に我々はいるのではないかというお話に感嘆した。このお話をお聴きしながら、河合隼雄先生がユング派の資格の最終試験で「self の象徴にはどんなものがありますか？」と聞かれた際に「everything」と答えた話をふと想い出したり、色々な連想が乱反射するように広がる心地であった。指定討論者は河合俊雄先生と前川美行先生が登壇された。休憩後のお二人の先生方のコメントでは、森田先生の講演を心理療法・箱庭などにつなげながら深められてゆき、お二人の先生方のコメントに助けられながら、私の考えも整理されていくように感じられた。心理職としてその場に「いる」こと、場の中で臨床的な視点の備わった風を場に吹かせること、風を吹かせるだけではなく、風を受けることの大切さを実感をともなって考えることができる、非常に豊かな時間となった。長い年月をかけて自然淘汰を繰り返しながら生命が行っている場所づくりと、心理職の支援の「場」をまったく同じものとして扱い考えることには議論もあるかもしれないが、場に「いる」ことが環境である「場」をつくるというテーマは示唆に富む考え方だと改めて思い返している。近年、「場」をテーマにした議論はユング心理学会に限らず、心理職の働き方の変化も受けてか、多くの場で聞かれるようになったように感じている。ユング心理学の立場から「場」を考察する今回のようなテーマを

またぜひお聞きしたいと願っている。

　2日目は研究発表と午後の大会企画ケース・シンポジウムに参加した。ケース・シンポジウムは西牧万佐子先生による「沈黙との対話」という事例発表が開催された。西牧先生がクライアントとの時間を想い出すように語られるケース概要は、お二人のやりとりや病室の雰囲気、看護師さんが行き交うような情景が目に浮かぶようであった。実は、筆者自身、以前に西牧先生の事例を論文で読ませていただいたことがあったのだが、会場で生き生きと語られる西牧先生の様子は活字で読むものとはまったく異なった。特に西牧先生がベッドサイドで唸った声が偶然につながり、段々とハミングになり、音程がつながって重なって歌が生まれていく場面は、新鮮な感動が沸きおこった。その後の、指定討論者である田中先生・岩宮先生が話されたことも圧巻であった。田中先生がトピックとしてお話しされ、その後も議論され続けた心理療法のバックグラウンドとして働いているもの、「図と地」で言えば「地」で起きていることにフォーカスすること、「地」や沈黙の中で対話することについての議論は、自分自身の臨床を広く振り返る大切な観点を頂いたように振り返る。また、岩宮先生が萩尾望都の『銀の三角』の場面を通してお話しされた、セラピストが死に対峙して起こること、セラピストの中に引き受けていくクライアントの夢や歌や世界などについてはとても迫力があり、「意識的に考えると無価値と思えるようなものを相手と交換すればするほど、そこに生じてくるコミュニケーションは純粋になっていく」という言葉にもはっとさせられた。

　上記の他にも、筆者はいくつかの事例発表に参加することができた。夢に限らず、箱庭、絵画が展開する事例をお聴きすることができ、また多彩な解釈をなさる先生方の創造的な発想に刺激を頂いた。何より、久しぶりに対面でお会いできた先生方と同じ部屋で同じ時間を共有しながら、その場に生まれる事例に対する様々なアイディアが交錯するような実感がとても心地よいものとなった。

　最後に、ふたたび森田先生の基調講演に戻るが、無限と有限の話から限りがある閉じている世界の豊かさの話が出ていたが、私に限れば、自分の実践、心理学として狭く閉じてしまっていた世界に、今回の学会は「令和

の不登校」「生命と環境」「心理療法の『図と地』」など、本当に多くの考えに触れ、広い視野から心や魂を考え直す新たな出発点を頂いた心地であった。積読となっていた藤井一至先生の『大地の五億年』を大会後に読み開くきっかけともなった。このような広い分野と対話をし、心理療法の姿・本質をたえず問い直し、風を吹かせ続けてくださる大会実行委員の先生方に深く感謝を申し上げたい。また、来年の開催が非常に楽しみである。

The 1st Child & Adolescent Conference in Asia 印象記

吉川眞理
学習院大学

　2023年12月2日・3日、京都リサーチパーク／Zoom のハイブリッドで、The 1st Child & Adolescent Conference in Asia が開催された。国際分析心理学会では、子どもや青年の心理療法における分析心理学的アプローチの重要性を提起するワーキング・パーティーの努力により、これまで訓練の中心が成人対象のケースであったところを、子どものケースを試験で扱うことができるようになったという大きな変化があった。特にアジアは、子どものセラピーに携わるユング派分析家が多く、このカンファレンスをアジアで行うことに大きな期待が寄せられていた。その第1回を日本で開催することになった背景には、この国際分析心理学会のワーキング・パーティーの意向を受けての国際分析心理学会の前 President の河合俊雄先生、前 Honorary Secretary の田中康裕先生の尽力があった。さらに遡れば、河合隼雄先生がアジアの分析家の第一世代として国際的な活動を行ってきたこと、そして箱庭療法を日本に紹介して以来、ユング派オリエンテーションの子どもや青年の心理療法の実践が日本において蓄積されてきた事実を抜きにして語ることはできないだろう。

　それでも、コロナ禍による海外渡航制限が厳しい国もあり、中国と台湾の間の緊張関係や、中国と日本の間の国際的な事情を考えると、海外からの対面参加者を集めることの難しさが予想されていた。さらに英語で行われるカンファレンスにどれほど多くの日本の臨床家が参加されるかについての見通しには、なかなか厳しいものがあった。しかし、実際に蓋をあけてみると、台湾、中国、マレーシア、そして中国の特別行政区香港、マカ

オから100名近くの参加者が集まったのである。

12月2日、この記念すべき The 1st Child & Adolescent Conference in Asia は、河合俊雄氏の講演 "Possibilities and Peculiarities of Play Therapy for Children with Autism Spectrum Disorder" により幕を開けた。そこでは、アスペルガー障害の子どもたちを対象とするプレイセラピーの有効性が提示され、分析心理学的な遊戯療法の基本姿勢とその発達促進的な意義が実証的に論じられており、その理論的基盤をアジア圏で共有する上で、とても意義深い講演であったといえるだろう。また、最後の全体会においては、台湾の分析家 Su-Chen Hung と Chia-Chi Chow が合同で "I Have Two Fathers and Mothers: The Internal Objects and the Orphan Archetype in Adopted Children and Third Culture Kids" と題する講演を行った。本講演は、里親のもとで養育される子どもたちを対象とした遊戯療法と、複数の文化背景をルーツとする The Third Culture Kids の臨床素材を並置し、分析心理学的な概念である元型の一つとして孤児元型を取り上げ、この元型を通して考察を試みたものであった。たとえ同じ文化圏においてであっても、それぞれの家庭には独自の文化があると考えると、里親のもとで養育を受ける子どもたちの経験を、文化に対する違和感や孤立感としてとらえなおす観点も、臨床的な示唆に富むものであった。他にも長らくアジアの Development Group において分析家育成に尽力してきた米国の分析家 Brian Feldman 氏、中国の女流分析家 Gao Lan 氏も全体講演を行った。また、事例検討の分科会においては、日本、香港、マカオ、中国の臨床家が、それぞれの遊戯療法や青年期事例を英語で発表し、異文化圏の分析家の指定討論を受けた。これらの発表者と指定討論を紹介することで、本カンファレンスの国際的な性格があきらかになるだろう。

事例討論部では、Zhu Yinyan 氏（中国）による双極性障害の青年の事例に田中理香先生の指定討論、山﨑基嗣氏による自閉スペクトラム少年のプレイセラピーに Marie Chiu 先生（香港）の指定討論、Chang Lijun 氏（中国）による「砂漠から花に至る」と題されたセッションに広瀬隆先生の指定討論、Meei-Shiuan Lih 氏（台湾）による性虐待を受けた少年の箱庭療法に Brigit Soubrouillard 先生（フランス）の指定討論、Yu-Shiuan

Chan 氏（台湾）の「ゾンビ——少年はどのように本物の人間になるのか」と題された事例に豊田園子先生の指定討論、長野真奈氏の落ち着きのない少女のプレイセラピーに Alexander Esterhuyzen 先生（香港）の指定討論、Natalie Si 氏（マカオ）の青年期事例に Su-Chen Hung 先生（台湾）の指定討論、Chenghou Cai 氏（中国）の教育現場の集合的コンプレックスについての発表に Brian Feldman 先生（サンフランシスコ）の指定討論、Marie Chiu 氏（香港）の ADHD 少年の事例に河合俊雄先生の指定討論、Chun-Ya Kuo 氏（台湾）の思春期男子の心理療法事例に足立正道先生の指定討論といったラインナップで、活発な討論が展開された。

　ここで、事例検討の様子をお伝えするために、カンファレンスに参加した学習院大学博士後期課程の院生（佐藤文彦氏、野中恵氏、北野里果氏）の感想を引用して紹介したい。

　まずは、同じアジアといえども他文化の事例を英語で聞き取る難しさやそこからの発見について、「事例のまとめ方や発表構成の違いから戸惑いを覚える点はいくつかあったが、特に印象に残ったのは、連想されるイメージや一連の分析プロセスを共有することの難しさであった」「聞き慣れた単語であっても、その単語で表されている意味のニュアンスは異文化間で異なることもあるように感じた」「自国のやり方とただ比較するだけでは、各ケースでの真のやりとりを捉えることは難しく、各国の文化についても勉強が必要だと感じた」「各国々で大切にされている概念、地域特有の影響力のある概念が、おそらく違っているので、箱庭や夢などの解釈のポイントがわかりにくいこと、良く言えば新鮮に感じることがあった」と報告されている。

　また、同じアジア圏といいながらも文化のニュアンスや心理臨床の風土が異なる文化圏の事例からの学びについて、日本の心理臨床の風土を客観視する機会となったようであった。「発表者が語る様子から、クライエントへのコミットの仕方も文化によって違いがあるように感じた。日本の心理面接では沈黙や待つことがしばしば生じ、それも大切な意味のある自然な時間として捉えられると学んできたが、文化が異なると、沈黙の質や体験の在り方も異なる可能性があることを学ぶことができた」「アジアにお

ける他文化圏の事例検討であっても、日本の事例検討場面と同じ姿勢で取り組むことができること、また、真剣にクライエントに向き合う姿勢が他国でも共通であることを実感することができた」。

さらに、台湾、香港、中国では、英国の発達学派の影響が大きく、日本のユング派と比較して、転移・逆転移について討論されることが多かったと感じられていたようである。「特に転移・逆転移関係やセラピストの内的な動きへの観点の重要性に立ち返る機会にもなり、自身の臨床に活かせる知見を深めることができたと思う」「逆転移を扱うケースも、英語で語られるとセラピストの主体性も明確に語られ、オープンで、かつ安全に論じることができ、また理解しやすく感じられた」と報告されている。

このように、いろいろな意味で、日本でユング派心理療法を学ぶ臨床家にとって、「心理臨床研究への新たな視点を得つつ、国外の事例に今後も触れていく意欲につながる貴重な体験であった」と感じてもらえたことで、開催者の苦労も大いに報われたといえるだろう。

開催と運営の苦労について述べるなら、何といっても、第1回ということで、プログラムや運営計画をゼロから作り上げねばならなかった点で、大会長の田中康裕先生をはじめ事務局を引き受けてくださったAJAJ事務局スタッフには、開催の直前まで、さまざまなご苦労があったと聞いている。たとえば、中国からのオンライン参加者に対するインターネット配信については相当な苦労があったそうだ。盛会のうちに無事滞りなく終わった大会の水面下のご尽力について、改めて感謝をお伝えしたい。

次回、第2回の Child & Adolescent Conference in Asia は、2025年3月15日・16日に台湾の台北で開催される。同じ東アジア圏にあり、心の深層に共有する部分が多くありながらも、異なる歴史を歩み、異なる文化、社会を形成している地において、英語を通して、児童・青年への分析心理学的アプローチを行っている事例を討論する機会は、心理臨床への視界をいろいろな意味で広げてくれることだろう。多くのユング心理学徒の皆さんが、今後の Child & Adolescent Conference in Asia の発展に興味を持っていただけることを願いたい。

文献案内

宗教と科学に関するユング心理学の基礎文献

名 取 琢 自

京都文教大学

　宗教と科学。この二大領域は人間の世界観の源であり、探究の対象であった。ユング心理学にとっても、これらは展開の足場（土壌）を提供するとともに、こころや世界に関する伝統的な知やイメージの姿として研究対象にもなり、その知の方法との相互関係のなかでユング心理学が自らの姿を見出していった参照枠にもなってきた。ユング心理学がたましいの「科学」でありうるのは、これら過去から現在に至る人類の知の取り組みと成果を謙虚に学び、固定した「教義」に陥ることなく開かれた態度を維持しているゆえであろう。ユングは博士論文『いわゆるオカルト現象の心理と病理』（原著1902/英語版1983）から後期の『結合の神秘』（原著1955・1957/英語版1977）まで生涯にわたって宗教という心理現象とその心理学的理解に取り組んだ。後述のように、ユングは現象学、実践的・経験的心理学の立場をとり、経験に基づく修正を受け入れるという意味において、科学的な態度を貫いている。[注1]

　本稿では、宗教と科学に関係する基礎文献として、河合隼雄著作集11巻『宗教と科学』、12巻『物語と科学』、河合隼雄・中村雄二郎『トポスの知』、中村雄二郎『臨床の知とは何か』、ユング『心理学と宗教』（村本詔司訳）を取り上げ、基本的な視点を再確認したい。科学との関係で非常に重要な視点である「共時性」については、本誌第10巻・前川美行「共時性・コンステレーションに関するユング心理学の基礎文献」に取り上げられているのでご参照いただければ幸いである。

1．河合隼雄著作集11巻『宗教と科学』（1994）

　本書には「宗教と科学の接点」ほか、「無意識の科学」「ニューサイエンスとしての心理学」「人間科学の可能性」など、科学に関する論考やエッセイが収められている。

　第Ⅰ部『宗教と科学の接点』（初出1986）は、岩波書店の雑誌『世界』の連載記事に基づく著書である。第一章「たましいについて」では、当時の「ニューサイエンス」など新しい科学への関心、京都でのトランスパーソナル心理学会第9回国際会議（1985）の開催経緯と状況が紹介される。河合は当初は、安易な東西比較や浅薄な「東洋」イメージが語られる発表も目にしてどこか懐疑的であったが、核戦争など破局的な未来に対する西洋の参加者の真剣な危機感に触れ、彼らがスピリチュアルなものを否定せずに取り組む必要性をひしひしと感じていることがわかって認識を改めている。ここで河合は西洋の科学とキリスト教は対立するものではなく、相補的なものであることも指摘している。

　同じ章の「たましいとは何か」の節では、心理学と科学について、行動主義の心理学やフロイトの精神分析理論のように、客観性と因果的説明を重視する自然科学の方法論では捕捉しがたい心理現象（現実）が存在し、それに対してはユングの言う「たましい」の視点が有効である、と論じている（河合, 1994, pp.13-14）。

　第二章「共時性について」の「共時性と科学」の項では、中国と西洋（アメリカ）の歴史の捉え方を全体性と因果性から比較し、ユングがライプニッツのモナド論を評価していたこと、西洋の自然科学が個人から切り離された普遍的な現実を扱うことで急速に進展し、量子力学のハイゼンベルクの不確定性理論、ボーアの相補性の概念など、古典的機械論的世界観の見直しがなされていることが紹介される。「共時性と宗教」の項では、共時的現象を把握するのに適した意識の状態と、安易に「神」を持ち出すことによって「偽科学」的なものになってしまう危険性が指摘されている。「ホログラフィック・パラダイム」の項では、カール・プリブラムやデビッド・ボームの「ホログラフィによる意識のモデル」、暗在系と明在系という異なるオーダーの世界を考えるモデルも紹介される。

第三章「死について」では死の恐怖、臨死体験など、第四章「意識について」では多様な意識のあり方、スーフィズム、ドラッグ体験など、第五章「自然について」では生命科学、東西の進化論など、第六章「心理療法について」では自己治癒の力、コンステレーションなどがそれぞれ論じられ、文章のそこここに、執筆当時のこころに関する関心の盛り上がりがにじみ出ている。ユングと同様に河合隼雄も、神秘的な深層心理的現象だけに注目するような狭い視野ではなく、常に新しい科学の進展に目を向け、それらを理解・咀嚼した上で心理療法体験に根ざした探究を続けていたことがよく分かる。

第Ⅱ部所収の「無意識の科学」(初出1983)において、河合は治療者のコミットメント、個性も考慮に入れて「科学」性を維持する方向を示している。

　　個人が個人のおかれた状況において、何らかの焦点化を決意する。これをコミットメントと呼んでいいと思うが、そのような焦点の決定によって、その個人はその人なりに全体が読めるであろう。このとき、彼は自分が絶対の中心にいないことを自覚しているので、他の焦点からは彼と異なる読みも可能であることを知っている。あるいは、彼の読みのなかに用いられている種々の要素は、他の焦点からの読みによっては異なった名前や役割を与えられることも知っているのである。彼は自分の読みが絶対的なものではなく、経験に従ってよりよいと思われるものに変更する余地を常に残しているのである。彼は自分の見方を一応持ってはいるものの、その相対性をよく意識しているという点において、教義的ではない。このような方法もまた経験科学と呼んでもよいのではなかろうか。……(河合, 1994, pp.186-187)

自分とは異なる「読み」の可能性に開かれ、「教義的」な凝り固まりに陥らない経験科学は、近年進展した質的研究法の基本態度でもある。後述の、一面性に陥る危険を避けて、現象学的態度を維持してこころと取り組んだユングの研究姿勢にも合致している。

２．河合隼雄著作集12巻『物語と科学』（1995）

第Ⅰ部「物語と人間の科学」は複数の講演録を再構成したものである。第一章「物語と心理療法」では、「語る」いとなみや言語、文体に注目して、事例研究を「語る」ことから見出される普遍的な真実と、従来の自然科学における客観的な事実の記述との違いが比較されている。また、「物語と自然科学」の節では、生命科学者・中村桂子の言う「生命誌」「命についての物語を各人がどう語るかということ、それが科学だ」という考え方も紹介される。第Ⅱ部には比較的短い論考が収録されている。1986年の講演録「生命と宗教」では、西洋文化、特に自然科学に顕著な "devide and rule（分割することと支配すること）" という基本姿勢では分割できない「いのち」を扱うことは難しく、"not devide and co-exist（分けないで、全部共存する）" 考え方が重要であることが示されている（河合, 1995, p.272）。「教育学の科学性」では、学校現場の教育において、普遍的な法則や客観的な事実に注目する「科学的」な方法の限界を指摘し、「唯一の正しい」ものの追求にとらわれない「ソフトな科学的研究」「近代科学の方法とは異なり、人間関係の存在を前提として出発する」ことが推奨される（同, p.296）。文化人類学者がフィールドに入り込み、現場の人間関係の「内側」から意味を見出していくように、「人間知」の科学を考えていく必要性も示されている。

これら河合の論考は、近代自然科学の基本的方法論の理解を前提としつつ、こころやたましいに触れるために必要な接近法を簡明に示してくれている。

３．河合隼雄・中村雄二郎『トポスの知』（2017）／中村雄二郎『臨床の知とは何か』（1992）

科学哲学者・中村雄二郎は、河合隼雄との交流から、「科学の知」に対する「臨床の知」の特徴と価値を明確に描き出している。『トポスの知』には、山口昌男ら「都市の会」での中村と河合の出会い、明石箱庭療法研究会の活動、箱庭療法をめぐる対談が箱庭の作品例とともに収められており、河合の心理臨床への視点、中村が「臨床の知」の着想に至った道のり

を辿ることができる。その結実でもある『臨床の知とは何か』では、近代科学の知と臨床の知の様式の特徴が明確に描き出されている。臨床の知は「個々の場所や時間のなかで、対象の多義性を十分考慮に入れながら、それとの交流のなかで事象を捉える方法」（中村, 1992, p.9）であり、近代科学の〈普遍性〉〈論理性〉〈客観性〉という三つの原理／性質を、〈コスモロジー〉〈シンボリズム〉〈パフォーマンス〉に重きを置くことで補完しうる「知」とされている。これら三つの核心はユング心理学にも大いに共通しており、近代科学とユング心理学の関係を捉える上で参考になろう。

４．ユング・コレクション３『心理学と宗教』（村本詔司訳）（1989）

同書にはユング全集（*CW*）第11巻のうち、「心理学と宗教」「三位一体の教義に対する心理学的解釈の試み」「ミサにおける転換象徴」「心理療法と牧会の関係について」「精神分析と牧会」「ヨブへの答え」が収められている。

「心理学と宗教」（独語訳1940）で、ユングは自身が宗教（宗教現象）に取り組む姿勢を次のように表明している。自分は「医学的心理学」「実践的心理学」「現象学」的立場をとり、宗教的観念や教義の内容の真偽や形而上学には立ち入らない。自然科学が動物学において行うように、心理的観念を経験的心理学の対象にしようとするのである、と（村本訳, 1989, p.11）。ユングは宗教を「ルドルフ・オットーがいみじくもヌーメン性 Numinosum と呼んだものを注意深く良心的にみつめること」と定義する。このヌーメン性は「力動的な存在または作用」であり、「その作用が人間という主体を捉え、支配する」ものである（同, p.11）。宗教はこうした「もろもろの力」を「充分に偉大で美しく意味深いものとして敬虔に崇拝する」ことである（同, p.12）。こうした現象に対してユングは「医師であり、神経と精神の専門家」として、「患者やいわゆる正常者との実践の経験」をもとにしてアプローチする。

自分の身体には「癌」があるのでは、との観念にとらわれた神経症の男性の例や、『心理学と錬金術』（池田・鎌田訳, 1976）第二部の夢系列に現れ、夢見手の宗教への態度に対して無意識からの否定的反応を体現してい

たアニマ的女性像、本能的人格の再統合を思わせる「猿」復元の儀式、四という数字や四元性や宗教の重要性を説く老人のイメージ、それらを通して垣間見える「全体的な心的人格の中心としての」自己、これらに言及しながら、ユングはこころの働きと宗教との関係を読み解いていく。この夢系列の夢見手には「宗教（religio）」があり、自分の経験を「注意深く考慮に入れ」ることができたが、自分の経験に誠実でなくなったり、[無意識からの] 声を無視しようとすると神経症症状がぶりかえしたという（池田・鎌田訳, 1976, p.46）。

　夢、神話、民話には集合的なモチーフが繰り返し現れ、それが「元型」の存在を示している（同, p.55）。「四元性は、創造において顕現する神の多かれ少なかれ直接的な表象です。したがって、この、近代人の夢に自然発生的に生まれる象徴は、これと同じもの、すなわち内なる神だと結論してもいいでしょう」（同, p.61）のように、元型的な四元性の意義が示される。キリスト教の三位一体、昔の自然科学者の三要素は第四のものを補完することで無意識的な心の定式と一致するかたちになることも解説される。「心理学と宗教」には宗教と無意識の象徴について、次のような言葉もある。

　　「宗教経験のある人は、生命、意味、美の源泉を自分に恵み、世の中と人類に新しい輝きを与えてくれるものの大いなる宝を所有しているのです。彼には、信仰と平和があります。このような生が合法的でなく、このような経験が妥当でなく、このような信仰が単なる幻想だと言う基準はどこにあるのでしょうか。（……）だからこそ、わたしたちは、無意識の心が産み出す象徴にたいして注意深く考慮に入れる［つまり religio を行う］のです。それに拠らないことには、現代人の批判的な精神を承服させることはできません」（村本訳, 1989, p.92）

　全体を通して、ユングにとって宗教とは教義の内容の真偽如何ではなく、人間の直接的な経験に関する現象学の対象であって、心理学的な事実として尊重すべきものであったことが明確に示されている。

同書の「ヨブへの答え」（ドイツ語版1952）は、旧約聖書の『ヨブ記』を通して、ユングが集合的なイメージであるキリスト教の「神」に対して、あたかもアクティブ・イマジネーションを通して対決しているかのような迫力のある論考である。ユングの「宗教」との取り組みの典型的な思考法に触れるには格好の「基礎文献」である。ただし、キリスト教の知識はイメージを理解し、文脈を追うために必須となる。『ヨブ記』以外の旧約聖書テキストのみならず、聖書外典・偽書、新約聖書、そして「チベットの死者の書」のような他の宗教テキストも随所で参照される。それぞれを踏まえてユングの論説の全体的なイメージを摑んでいくことで、読者にもヨブとユングが対峙した神の姿が見えてくるかもしれない。

「ヨブへの答え」に限らず、キリスト教の基礎知識はユングの宗教的なものとの取り組みを理解する上で欠かすことのできない源泉になっている。少なくとも新約聖書の四福音書と黙示録、旧約聖書の創世記、ヨブ記、雅歌、エゼキエル書等はできるかぎり目を通し、親しんでおきたい基礎資料とみなしてよいだろう。『心理学と宗教』の訳者村本詔司は「訳者あとがき」で、キリスト教やギリシア神話に関連した事典のほか、『聖書の世界・総解説』（木田他, 1985）、『世界の宗教と経典・総解説』（金岡他, 1985）といった解説書が役に立ったことを記している。こうした参考図書も基礎資料として手元に置いておくと心強いであろう。

5．東洋と西洋の宗教

本稿では詳しく触れられなかったが、東洋の宗教に関する文献も重要である。ユング全集11巻後半には東洋の宗教に関する論文も収録されており、その多くは『東洋的瞑想の心理学』（湯浅・黒木訳, 2019）に収められている。

河合隼雄・樋口和彦・小川捷之『ユング心理学――東と西の出会い』（1984）、シュピーゲルマン・目幸黙僊『仏教とユング心理学』（1985/1990）には、東洋と西洋の宗教性について、読みやすく示唆に富む論文や記録が収められており一読をお勧めしたい。

以上、宗教と科学をめぐる基礎文献への関心をもとに、河合隼雄、中村雄二郎、ユングの著作を辿ってみた。ユング心理学を理解するには、自然科学の基礎知識、キリスト教や多様な文化の宗教、神話、文化人類学的な知識をはじめとする、幅広い教養がどうしても必要となる。それらはみな人間のこころの表現であり、現れであるからだ。かといって、これほど大量の予備知識がなければユング心理学文献は読めない、ということではない。読み進めながら、少しずつ関連文献や資料に触れて不足を補い、何周も巡回するうちに、ユングが語ることの論理や示されているイメージが少しずつ鮮明な像を結んでくるような、いわば巡礼的な読み方をしてもよいのではないだろうか。その間には臨床や個人生活の経験も蓄積され、次の読解を助けてくれることだろう。

参考文献・引用文献

Jung, C. G. (1902/1983). On the Psychology and Pathology of So-called Occult Phoenomena. *CW* 1. Princeton, NJ: Princeton University Press. (島津彬郎・松田誠思（編訳）(1989). オカルトの心理学――生と死の謎　サイマル出版会)

Jung, C. G. (1955・1957). *Mysterium Coniunctionis. GW* 14/ I , II. Zürich: Rascher Verlag. (池田紘一（訳）(1995・2000). 結合の神秘 I ・II ユング・コレクション 5・6　人文書院)

［英語版：*Mysterium Coniunctionis. CW* 14. Princeton, NJ: Princeton University Press, 1977.］

Jung, C. G. (1969). Psychology and Religion: West and East. *CW* 11. Princeton, NJ: Princeton University Press.

ユング, C. G.　池田紘一・鎌田道生（訳）(1976). 心理学と錬金術 I ・II　人文書院

ユング, C. G.　村本詔司（訳）(1989). 心理学と宗教　ユング・コレクション 3　人文書院

ユング, C. G.　野田倬（訳）(1990). アイオーン　ユング・コレクション 4　人文書院

ユング, C. G.　野村美紀子（訳）(1992). 変容の象徴　上・下　ちく

ま学芸文庫

ユング, C. G.　湯浅泰雄・黒木幹夫（訳）（2019）．東洋的瞑想の心理
　　学　創元社

金岡秀友他（1985）．世界の宗教と経典・総解説　自由国民社

木田献一・山内眞・土岐健治（編）（1985）．聖書の世界・総解説　自
　　由国民社

河合隼雄（1994）．宗教と科学　河合隼雄著作集11巻　岩波書店

河合隼雄（1995）．物語と科学　河合隼雄著作集12巻　岩波書店

河合隼雄・樋口和彦・小川捷之（編）（1984）．ユング心理学——東と
　　西の出会い（第一回ユング心理学・国際シンポジウム）　新曜社

河合隼雄・中村雄二郎（2017）．トポスの知——［箱庭療法］の世界
　　CCCメディアハウス

前川美行（2018）．共時性・コンステレーションに関するユング心理
　　学の基礎文献　ユング心理学研究, 10, 205-210.

中村雄二郎（1992）．臨床の知とは何か　岩波新書

Spiegelman, J. M. & Miyuki, M. (1985). *Buddhism and Jungian Psychology.*
　　Phoenix: Falcon Press.（目幸黙僊（監訳）森文彦（訳）（1990）．
　　仏教とユング心理学　春秋社）

注

1　このほか参考文献に記した『変容の象徴』『アイオーン』も本編のテーマと関
　　連が深い。

海外文献

豊田園子

豊田分析プラクシス

Aniela Jaffé（2023）. *Reflections on the Life and Dreams of C. G. Jung: From Conversation with Jung, with Historical Commentary by Elena Fischli*. Daimon Verlag.

　本書は、多くの人が魅了されずにはおかないユング自伝と目されている、英題 *Memories, Dreams, Reflections*（以下 MDR）を編集、執筆したアニエラ・ヤッフェが、その企画実現のために4年にわたってユングから聞いた話のうち、前書には入れられなかったユングのことばの断片をまとめたものである。この断片を集めたファイルを、ヤッフェは MDR 出版後15年ほど経ってから書類を整理しているときに偶然再発見する。ヤッフェはそれが知られないままに葬られることを残念に思い、出版することも考えたが、出版契約のことやユング家の了承が得られずあきらめた。それからさらに時を経て、晩年のヤッフェはこのファイルをいつか出版できるようにと懇意の出版社に遺言のように託したのである。それはヤッフェが亡くなる数か月前のことであった。

　ここに集められた60ほどの断片は数ページにわたるものもあれば、1ページ足らずのものもあるが、出版社の思惑でさまざまな規制のあった MDR のときと違って、率直で自然なユングのことばが輝きを放っている。それをヤッフェはモザイクに例えている。

　これらの断片はなぜ MDR に取り入れられなかったのだろうか。ヤッフェの聞き書きの方法は、ユングの言ったことばをそのまま速記するのでは

なく、ユングが自由に語ることをその流れそのままに聴きながら、書けるところを書き、後から補足しつつ、ユングの了解も得たところで、テーマに沿って編集していくというものであった。実際ユングの話は流れ出したらどこへ向かうか分からないようなところがあったのである。ここに集められた断片の中には、うまくテーマの中に組み入れる場所がなかったというものもある。また、ユングの発言があまりに直感的で、裏付けがとれないものもあった。さらにはあまりに異教的であるもの、またあまりに個人的なものについては、ユングの遺族からの抵抗があり載せられなかったという事情があったのである。

　今回本書の出版によってヤッフェの想いがついに果たされたことになるのだが、実は本書にはもうひとつの大きな要素がある。それが後半の第２部というべきところで、編集者のエレナ・フィッシュリによる「歴史的コメント」である。そこにはアニエラ・ヤッフェの背景から、MDRが成立するまでの大波乱のドラマが展開されている。これは、死後残されたヤッフェの手紙類（ユングとの間の書簡だけでも80ある）をすべて読み込んだうえでの大変な労作だというしかない。

　この書評では、順番は逆だが、この「歴史的コメント」の方から見てみたい。まずヤッフェはどういう人であっただろうか。

　アニエラ・ヤッフェは、1903年にユダヤ系の美術蒐集家で事業家の娘としてベルリンで生まれている。ユダヤ系だが母親はプロテスタントに改宗しており、彼女もキリスト教徒として育っている。彼女の名前は母方祖母のアニエラ・ヒュルステンバーグからもらっているが、この祖母は自由人で、政界、財界、知識人、芸術家といった著名人を集めるサロンを主宰する有名人であった。また彼女は中等教育では女性で最初に大学教育を受けた女性教員に強く影響され、社会の問題にも目を向けるようになったという。アニエラ自身はベルリンのフリードリッヒ・ヴィルヘルム大学で小児医学を学び、インターンとして入院中の貧しい子どもたちのケアに当たった。やがて子どもの心理的発達に興味が移り、ウィリアム・スターンに傾倒し、彼が赴任したハンブルク大学で学び始める。また、彼女の興味は哲学や美術史にも広がっていた。この頃アニエラは、スイスの銀行家一族の

美術史家の息子と結婚している。

1933年、ドイツはナチスの政権下となり、ユダヤ人排斥の気運が高まった。大学のユダヤ系教員はスターンをはじめとしてすべて追放され、アニエラは学位を取るための試験を受けられなくなる。それどころかアニエラ自身が身の危険を感じて、夫とともにスイスへと国境を越えた。はじめはジュネーブでジャン・ピアジェのところで学ぼうとするが、そこが自分の望む場所ではないことにすぐに気づいて、チューリヒに移っている。しかしスイスでもユダヤ人は歓迎されず、学位を取るための勉学を断念することになる。さらに流産を経て、子どもが産めない身体になるなどの不幸も重なった。アニエラが得たのは障害のある子どものクリニックや精神病院の小児病棟での仕事であった。夫とも一緒にいられないことが増え、1937年には離婚している。自活を余儀なくされたアニエラは、病院での仕事のほかに、さまざまな教授の秘書という仕事で生計を支えた。

この暗い時代にC・G・ユングの心理学に興味を持ったヤッフェは、リリアン・フレイ－ロンと分析を始め、1937年にはユングとの分析を始めている。ユングはヤッフェの才能を認め、2年後には子どもの治療を任せている。しかし、1943年にトニー・ウルフが「心理学クラブ」からユダヤ人という理由でヤッフェを除名しようとするなど（ユングは激怒したという）、スイスにいながらもヤッフェが心から安らげたのは、ヨーロッパでの戦争がすべて終わってからだと思われる。

1948年にユング研究所が設立される際には、ヤッフェはそこの運営と秘書業務をするよう要請された。40代半ばのヤッフェは、ユングから彼の著作について意見を求められるほどの信頼を得る関係になっており、重要な仕事を任されるようになっていた。1955年からは前任者の離職によってユングの個人秘書になっている。そこに舞い込んだのがユングの伝記プロジェクトであった。

ユングはもともと自分の伝記が書かれることを嫌がっていた。しかし、アーネスト・ジョーンズが『フロイト伝』を書くために、ユングとフロイトとの書簡を使うことの許可を求めてきたことから少し気持ちが変わったらしい。一方で、彼の周囲には彼の伝記を望む声は多く、実際に1953年に

ボーリンゲン財団の出資で、ルーシー・ヘイヤーグロトがそれに取り掛かることになり、ユングのところに取材に訪れた。しかし、彼女の書いたドラフトと数章を見ただけで、ユングはその話を水に流してしまった。彼にとっては書かれていたことに何も意味を見出せなかったのである。同じ頃にまだ研究所の秘書であったヤッフェは、スイスの文化雑誌『DU』にユングの人物評を書いていたのだが、そこで彼女がユングの人生は外側ではなく、その背後にある人間の経験と心理学的発達の展開こそにあると述べているのは興味深い。

　この最初の伝記執筆計画が挫折したあと、自分こそがそれを成し遂げようと声をあげたのが、アメリカの出版社パンテオンのカート・ウルフであった。そしてヨランダ・ヤコービが、ユングの伝記を書くのに最もふさわしい人物としてアニエラ・ヤッフェを推薦したのである。この伝記プロジェクトは1956年にスタートする。ウルフはゲーテにとってのエッカーマンのような役割をヤッフェに期待した。そしてユングの話を聴いて、それを書くのはヤッフェだが、あたかもユングが自分で話しているかのように一人称で書くことを要請したのである。彼の野心はとにもかくにもアメリカの一般読者を多く惹きつけるものを目指しており、その要求は限りがなかった。ここで著者をヤッフェにすることで、ユングの著作の出版権を握っているイギリス、スイスなど他の出版社を牽制しようという意図もあった。ユングはヤッフェに子ども時代のことを語っているうちに第二人格を自覚するようになり、数日籠って自分自身でその頃の思い出を一気に書いた時期もあったが、その部分がユング自身の著作になるかどうかなど、契約上のことでも他の出版社も巻き込んでもめにもめたのである。ヤッフェは全体のスタイルまで三度も書き直しをさせられたあげく、出版社に預けたプロトコルまで返してもらえないという憂き目をみる。そのあたりのドラマは本書を読んでもらいたい。結果的にはユングの死後1962年にドイツ語版が、1963年に英語版がやっと出版されたMDRであったが、そこから零れ落ちた断片に今回本書で出会えることは、これらの歴史を知ったうえでは、一種の清涼剤を与えられたような気がする。

　さて、それでは本題のユングの語った断片であるが、ヤッフェはざっく

り①「人格と人生の経験について」、②「精神科、分析的実践について」、③「此岸と彼岸について」、④「人間のイメージ、神のイメージ、世界観」という４つのパートに分けている。興味のある方には本書を読んでいただくことにして、ここではそれぞれのパートで評者の目についたものを少しだけ紹介しよう。

　①では、最初に「人生が自分に示すものを受け入れること」とあり、自分に与えられた運命を生きることの必要性が強調される。それは苦しいけれど、それをしないと神経症になるか、次の世代に負担を先送りすることになる。また、「全体性と言語の限界」の項では、心は全体を含むゆえにどんなに言葉を尽くしても語られないとし、語られないものがあることを常に意識する必要を述べている。

　「姿を現わした暗黒」では、原初的母のイメージは父性的思考の影響のもとでは認識されておらず女性原理は評価されないとして、奇妙なイメージを押しつけられていることが語られている。

　その他、「トニー・ウルフについて」では、自分が彼女と関係を持つようになるきっかけとなった夢を語り、罪を犯してでも運命に従わざるを得なかったと、罪悪感と共に生きる覚悟のほどがうかがわれる。さらに「自分は仏教徒の生まれ変わりか？」という一文もある。

　②では、「共感を通した認識」においては、ユングが生まれながらに特別な共感力を持っていることが述べられている。あっという間に他者の人生の感じ方に入って、その人がどう感じているかが正確に分かってしまうという。ただ、それが出来るのは自分が自己を持っているからで、それがないと危険だという。

　「空虚と直観」では、すべての直観タイプの人は高度の空虚感に耐えることを学ばなくてはいけないとしている。そうでないと直観で何かを摑むことはできない。直観タイプはこの空虚感に耐えることができないので、しばしば劣等感にさいなまれるという。空虚は充満であることを知る必要があるのだ。

　「病気における破壊と悪」では、潜在的分裂病者に分析は危険であるとし、基本的に誰かを変えたり、改善したりすることはできず、せいぜい自

分が誰かを意識させることができるだけと述べている。

　③では、親しい人が死後に夢に現れることとして、母親、妹、トニー・ウルフ、妻のエマの例をそれぞれ語っており、大変興味深いが、特にトニー・ウルフは本来大地に根ざすタイプなのに、ユング自身が彼女に知的な側面を期待してしまったために、彼女本来の生き方ができなかったので、夢では土に親しむ姿として現れることを述べている。それに対し人生を全うしたと思われるエマはほとんど夢には現れず、しかし常に身近に存在を感じるという。

　④では、「神の顕現」で、自分を取り巻くこの世界、自然そのものが結局は神の現れだと述べている。「受肉」の項では、なぜ神は人間になろうとしたかということと、キリスト教においては神が善なるものでしかないことを問題視し、さらにはその偏りの悲劇的な結果として原子爆弾を取り上げ、その実験においてオッペンハイマーの脳裏に「千の太陽よりも明るい」神のイメージが浮かんだということ、人間がそれを手にしてしまった危険について述べている。「出来ることをする」という項では、人間が生きる意味を端的に示している。人は与えられたものはそれぞれで、たとえわずかなことしかできないとしても、それがその人にとってできることのすべてならば、それは人類のためになっているとする。それはどこか最澄の言う「一隅を照らす」という考え方にも通じるのではないだろうか。最後に、ユングが亡くなる3週間前に語ったということばを紹介したい。「負債を抱えずには何も創造することはできない。対価を払った者だけが創造できる」「世界を見捨て、人生の支払いを拒否するような負債の無い人間は個性化には到達できない。暗黒の神が彼の中に場所を見出せないからである」（p.195）。ここに、人間を見据える慧眼があることを感じるのは評者だけではないだろう。

　本書は第2部の充実から分かるように、アニエラ・ヤッフェの再評価という側面がある。『赤の書』の出版以来、ユングのイメージを守りたいという家族からの規制も少しずつ緩んでいったことで、ようやくヤッフェの遺言も果たされることになった。いくつもの著作もありながら、MDRで

は黒子に徹したヤッフェのおかげで、どれだけ多くの読者がユング心理学に触れる機会を持てたかを考えるとき、ヤッフェのなした仕事はもっと評価されるべきであり、今回の書評でヤッフェの紹介に紙幅を当てたのもそのためである。

日本ユング心理学会　機関誌投稿規定

2018 年 9 月 16 日改訂

日本ユング心理学会は，機関誌として『ユング心理学研究』と『臨床ユング心理学研究』の 2 種類を発行しています。これらの機関誌に研究論文の投稿を希望される方は，各機関誌の違いを考慮の上，以下の投稿規定にしたがって投稿してください。

Ⅰ　投稿資格
1．研究論文の投稿資格は，原則として，日本ユング心理学会正会員に限る。

Ⅱ　論文の内容と規定文字数
2．『ユング心理学研究』は市販される機関誌であり，理論研究，文献研究に基づく研究論文を中心に掲載する。臨床心理学・精神医学の領域に限らず，幅広い領域から，学際的な研究論文も受け入れる。

『臨床ユング心理学研究』は会員にのみ頒布される機関誌であり，臨床事例研究に基づく研究論文を中心に掲載する。

投稿の際は，いずれの機関誌に掲載を希望するか，原稿に明記すること。ただし，内容によっては，編集委員会の判断で，希望通りにならない場合もある。

3．論文の内容は未公刊のものに限り，分量は16,000字（40字×40行×10枚）を限度とする。図表類はその大きさを本文の分量に換算して，文字数に含めること。原稿の冒頭に，原稿の総文字数を記載すること。

Ⅲ　原稿作成に関する一般的注意
4．原稿のサイズはA 4 判とし，1 ページあたり40字×40行（1,600字）とすること。

5．原稿は横書きで，原則として常用漢字・新かなづかいを用い，数字は算用数字を用いること。

6．Th.，Cl.，SCなどの略語は原則として使用しないこと。ただし，記述が煩瑣になることを避けるために用いる場合などには，初出の際にその略語の意味を明示した上で使用すること。

Ⅳ　プライバシーへの配慮
7．臨床事例を用い，クライエントに関する情報を記載する場合には，記載する情報は最小限度とし，プライバシーに十分配慮すること。

Ⅴ　外国語の表記
8．外国の人名，地名などの固有名詞は，原則として原語を用いること。その他の外国語はなるべく訳語を用いるが，外国語を用いる場合は，初出の際，訳語に続けて（　　）をつけて示すものとする。

Ⅵ　図表
9．図や表は，図 1 ，表 1 などと通し番号をつけ，それぞれに題と内容を記載すること。

Ⅶ　引用
10．本文中に文献を引用した場合は，引用した箇所を「　」などでくくって明示すると同時に，著者名，刊行年，引用ページを記載すること。
　　a）本文中に著者名を記載する場合。
　　　河合（1995）は，「○○○」（p.○）と述べている。
　　b）引用の終わりに著者名を記載する場合。
　　　「○○○○○○」（河合，1995，pp.○-○）。
　　c）翻訳書の場合は，原書の刊行年と翻訳書の刊行年を，"/"で併記する。
　　　本文中に記載：Jung（1935/1987）引用の終わりに記載：（Jung, 1935/1987）
　　d）著者が 3 名以上いる場合は第 1 著者名のみを記し，第 2 著者以降は日本語文献では"他"，外国語文献では"et al."と略記する。

Ⅷ　引用文献

11. 引用文献は，本文の終わりに「文献」の見出しで，著者の姓のアルファベット順に一括して記載すること。

　a）雑誌の場合：著者名，刊行年，論題，誌名，巻数，号数，掲載ページの順に記す。誌名は，日本語・外国語いずれの場合も，略称は用いない。

　　日本語例）横山博（1995）．ユング派の心理療法における転移／逆転移
　　　精神療法，21（3），234-244.

　　外国語例）Giegerich, W. (1999). The "patriarchal neglect of the feminine principle": A psychological fallacy in Jungian theory. *Harvest*, 45, 7-30.

　b）単行本の場合：著者名，刊行年，書名，出版社の順に記す。外国語文献の場合は出版社の前に出版地も記載する。編集書の中の特定章の場合は，著者名に続けて，刊行年，章題，編者名，書名，掲載ページ，出版社の順に記す。

　　日本語例）赤坂憲雄（1985）．異人論序説　砂子屋書房

　　外国語例）Hillman, J. (1975). *Re-Visioning Psychology*. New York: Harper & Row.
　　　Bosnak, R. (1997). *Christopher's Dreams: Dreaming and Living with AIDS*. New York: Bantam Dell Publishing Group. （岸本寛史（訳）（2003）．クリストファーの夢──生と死を見つめたHIV者の夢分析　創元社）

　c）上記とは別に，ユング全集（ドイツ語版，英語版）からの引用については，引用箇所の末尾に，ページ数ではなくパラグラフ数を明記すること（Jung, *GW* 7, par.28　あるいは，Jung, *GW* 7, §28）。

Ⅸ　英文要約

12. 研究論文は，上記のほかに英文要約（100 ～ 175語）と英文キーワード（3つ）を添えて投稿すること。

　a）英文要約：ABSTRACTとして，英語の論題と氏名・所属に続けて記載すること。

　b）英文キーワード：Key Words として，英文要約の下に記載すること。

　c）英文要約の日本語訳（400 ～ 450字）と英文キーワードの日本語訳も添えること。

　d）英文は英語の専門家の校閲を経ていること。

Ⅹ　特別な費用が必要な場合

13. 論文の掲載に際して，印刷上，特別の費用を要する事情が生じた場合は，投稿者が負担するものとする。

Ⅺ　研究論文の著作権

14. 掲載された研究論文の著作権は日本ユング心理学会に帰属する。当該論文を他の出版物に転載する場合は，日本ユング心理学会の許可を得なければならない。

Ⅻ　投稿論文の提出

15. 投稿論文は，正本1部，副本（正本のコピー）2部の計3部にデータを添えて，下記宛に簡易書留もしくはそれに類する送付手段で提出すること。副本では，氏名・所属，謝辞などを削除すること。

　　日本ユング心理学会 編集委員会

　　〒541-0047　大阪市中央区淡路町4-3-6　株式会社 創元社内

16. 研究論文の再投稿は，審査結果の通知後1年を期限とする。1年を経過して再投稿された場合は，新規の研究論文として審査を行う。

『ユング心理学研究』バックナンバー
第1巻、第2巻のご購入については、下記までお問い合わせください。
一般社団法人日本ユング派分析家協会（AJAJ）事務局
E-mail:infoajaj@circus.ocn.ne.jp　Fax:075-253-6560

第1巻特別号……日本における分析心理学（2009年3月）

第2巻…………ユングと曼荼羅（2010年3月）

第3巻…………魂と暴力（2011年3月）

第4巻…………昔話と日本社会（2012年3月）

第5巻…………心の古層と身体（2013年3月）

第6巻…………河合隼雄の事例を読む（2014年3月）

第7巻第1号……ユング派の精神療法（2014年6月）

第7巻第2号……日本文化とイメージの力（2015年3月）

第8巻…………世界における日本のユング心理学（2016年9月）

第9巻…………海の彼方より訪れしものたち（2017年7月）

第10巻…………占星術とユング心理学（2018年3月）

第11巻…………ユング心理学と子ども（2019年4月）

第12巻…………ユング心理学と異界・異人（2020年4月）

第13巻…………コロナ危機とユング心理学（2021年4月）

第14巻…………ユング心理学と生命循環（2022年4月）

第15巻…………共感力のゆくえ（2023年4月）

第16巻…………西欧近世の意識とユング心理学（2024年4月）

シンポジウム
●基調講演「17世紀における意識の概念の発明」　　　　　　　　　　國分功一郎
●討論──基調講演を受けて　　　　　　　　　　指定討論者　河合俊雄・川嵜克哲

特別寄稿
●意識の発明と無意識の発明、個人と共同性の道程
　　──國分功一郎氏の講演への応答として　　　　　　　　　　　　猪股剛
●ユング心理学と意識　　　　　　　　　　　　　　　　　　　　　岸本寛史
●「似たもの」としての意識と無意識　　　　　　　　　　　　　　老松克博

特別対談
●中井久夫先生を偲ぶ　　　　　　　　　　　　　　　大橋一惠・山中康裕

講演録
●ユング心理学の歴史的展開──ユング前期 vs. ユング後期　　　　　猪股剛

研究論文
●説経「苅萱」を読む──日本中世の語り物における救済について　　森文彦

日本ユング心理学会編集委員会

委員長：豊田園子

委　　員：岩宮恵子・老松克博・河合俊雄・川嵜克哲・
　　　　　岸本寛史・北口雄一・桑原知子・田中康裕・
　　　　　名取琢自・前田正・山口素子

ユング心理学研究　第17巻
ユング心理学と生命の秘密

2025年4月10日　第1版第1刷発行

編　者⋯⋯⋯⋯⋯⋯⋯⋯⋯⋯⋯⋯⋯⋯⋯⋯⋯⋯⋯⋯
　　　　　　　　　日本ユング心理学会
発行者⋯⋯⋯⋯⋯⋯⋯⋯⋯⋯⋯⋯⋯⋯⋯⋯⋯⋯⋯⋯
　　　　　　　　　矢　部　敬　一
発行所⋯⋯⋯⋯⋯⋯⋯⋯⋯⋯⋯⋯⋯⋯⋯⋯⋯⋯⋯⋯
　　　　　　　　株式会社 創　元　社
　　　　　　　　https://www.sogensha.co.jp/
　　　　　本社 〒541-0047 大阪市中央区淡路町4-3-6
　　　　　　　Tel.06-6231-9010　Fax.06-6233-3111
　　　東京支店 〒101-0051 東京都千代田区神田神保町1-2 田辺ビル
　　　　　　　　　　　　　　　　　Tel.03-6811-0662
印刷所⋯⋯⋯⋯⋯⋯⋯⋯⋯⋯⋯⋯⋯⋯⋯⋯⋯⋯⋯⋯
　　　　　　　　　株式会社 太洋社

©2025, Printed in Japan
ISBN978-4-422-11717-1 C3311

〈検印廃止〉

落丁・乱丁のときはお取り替えいたします。

JCOPY 〈出版者著作権管理機構 委託出版物〉
本書の無断複製は著作権法上での例外を除き禁じられています。
複製される場合は、そのつど事前に、出版者著作権管理機構
（電話03-5244-5088、FAX 03-5244-5089、e-mail: info@jcopy.or.jp）
の許諾を得てください。

C.G. Jung　THE RED BOOK　LIBER NOVUS

赤の書［テキスト版］

C・G・ユング［著］
ソヌ・シャムダサーニ［編］
河合俊雄［監訳］
河合俊雄・田中康裕・高月玲子・猪股剛［訳］
A5判・並製・688頁　定価 4,950 円（税込）

オリジナル版『赤の書』からテキスト部分のみを取り出した普及版。シャムダサーニによる渾身の序論「新たなる書──C・G・ユングの『赤の書』」や詳細を極めた脚注など構成内容はそのままに、より読書に適した形に本文レイアウトを変更し、携帯可能なサイズにまとめた。元型、集合的無意識、個性化など、ユング心理学の最重要概念の萌芽が数多く提示され、ユング理解に欠かせない最重要テキストにじっくり向き合いたい読者にとって必須の一冊。

赤の書［図版版］

C・G・ユング［著］
A5判・並製・224頁　定価 5,500 円（税込）

「テキスト版」と同じハンディーなサイズ・仕様で、オリジナル版『赤の書』の図版のみをオールカラーで収録したコンパクト版。「テキスト版」とセットで、オリジナル版の内容全体をカバーする。